中國夢·勞動美

永远跟党走 奋进新征程

百名劳模图录

中华全国总工会宣传教育部 编

中国工人出版社

目　录

序言

习近平总书记指出，人民创造历史，劳动开创未来。劳动是推动人类社会进步的根本力量。劳动模范是我国工人阶级中一个闪光的群体，是民族的精英、人民的楷模、共和国的功臣。

在隆重庆祝中国共产党百年华诞之际，2021 年 4 月 27 日至 6 月上旬，“中国梦·劳动美——永远跟党走　奋进新征程”百名劳模图片展在北京市劳动人民文化宫举行。这次图片展展示了 118 位全国劳动模范的优秀风采和先进事迹。他们爱岗敬业、争创一流，艰苦奋斗、勇于创新，淡泊名利、甘于奉献的劳模精神，鼓舞和激励了全国各行各业的劳动者。

为让更多劳动者了解和走近劳模，进一步弘扬劳模精神、劳动精神、工匠精神，我们特地将此次劳模展的内容编辑成书以飨读者。让我们沿着中国共产党领导下的劳动模范奋斗的历史足迹，重拾劳动模范所带给我们的感动和力量，承前启后、继往开来，乘风破浪、开拓进取，为全面建设社会主义现代化国家、实现第二个百年奋斗目标而努力奋斗。

亲切关怀

毛泽东、邓小平、江泽民、胡锦涛、习近平与劳模、工人群众在一起我国是人民当家作主的社会主义国家，党和国家始终坚持全心全意依靠工人阶级方针，始终高度重视工人阶级和广大劳动群众在党和国家事业发展中的重要地位，始终高度重视发挥劳动模范和先进工作者的重要作用。

毛泽东、邓小平、江泽民、胡锦涛、习近平十分关心工人阶级和广大劳动群众，他们多次出席劳动者活动，同工人群众谈心，为劳动者鼓劲，展现了党和国家领导人同工人群众面对面、心贴心、实打实的深情厚谊，激励着工人阶级勇挑重担、艰苦创业，走在为中华民族伟大复兴奋斗的前列。

毛泽东

我们必须全心全意地依靠工人阶级。

1958 年，毛泽东参观重庆建设机床厂。

1958 年，毛泽东在四川工厂视察。

1959 年，毛泽东在合肥钢铁厂同工人交谈。

1960 年，毛泽东在湖南省长沙汽车电器厂车间观看工人操作，了解生产情况。

1964 年，毛泽东和劳动模范在一起。这是毛泽东和尉凤英（中）、李素文（左）、张洪池在一起。

邓小平

我国工人阶级不愧是久经考验的立场坚定的革命领导阶级。

1980 年 7 月，邓小平视察葛洲坝水利枢纽工地，并向工程技术人员了解长江三峡工程论证情况。

1982 年 5 月，在党和国家领导人接见全国劳模和先进人物代表时，邓小平同天津市河东区修配服务公司六纬路昼夜修车服务部主任尹俊岭亲切握手。

1983 年 10 月，在中国工会十大开幕式上，邓小平一见王崇伦，就非常高兴地握着他的手说：“你抓豆腐啊，抓得好！抓得好！”1980 年 8 月至 1982 年 8 月，王崇伦带职担任哈尔滨市委副书记时，同财贸干部、工人师傅一起想办法，解决了群众吃豆腐难的问题，受到当地群众的热烈赞扬。

1984 年 2 月，邓小平在参观宝钢原料码头时，同工程技术人员亲切握手。

1992 年 1 月，邓小平在参观广东珠海亚洲仿真控制系统工程公司时，与工程人员交谈。

工人阶级是我们党的阶级基础，是我们国家的领导阶级。

1994 年 12 月，江泽民在天津钢管公司考察工作。

1995 年 6 月，江泽民在吉林省吉化公司三十万吨乙烯工程建设工地上和建设者亲切交谈。

1997 年 1 月，江泽民在北京考察企业，看望职工。

1997 年 12 月，江泽民考察北京二七机车厂，慰问在一线工作的工人。

2000 年 8 月，江泽民在黑龙江、吉林两省考察工作。这是江泽民在大庆油田考察时来到铁人王进喜生前所在的 1205 钻井队，与王进喜的亲属亲切握手。

胡锦涛

工人阶级和广大劳动群众始终是推动我国经济社会发展、维护社会安定团结的根本力量。

2007 年 4 月，胡锦涛在北京同首都劳动模范代表、基层群众代表一起植树。

2008 年 1 月，胡锦涛在大同、秦皇岛考察煤炭生产和电煤供应情况。这是胡锦涛在大同煤矿集团大唐塔山煤矿有限公司 400 多米深的井下采掘区同矿工们亲切交谈。

2008 年 12 月，胡锦涛在辽宁考察工作。这是胡锦涛在鞍钢股份有限公司鲅鱼圈钢铁分公司同干部职工亲切交谈，勉励他们充分发挥企业的技术优势、规模优势，为促进我国经济平稳较快发展作出更大贡献。

2009 年 6 月，胡锦涛在黑龙江省考察工作。这是胡锦涛专程来到铁人王进喜工作过的大庆油田 1205 钻井队，亲切看望正在野外作业的石油工人，勉励他们继承铁人事业，为我国石油工业发展再立新功。

2010 年 4 月，胡锦涛等党和国家领导人向全国劳动模范和先进工作者颁发荣誉证书。

习近平

劳动模范是民族的精英、人民的楷模，是共和国的功臣。

2013 年 2 月，习近平总书记在北京市祥龙出租客运有限公司，与正在做车辆保养的司机师傅亲切交流并向他们拜年。

2013 年 2 月，习近平总书记在北京西城区环境卫生服务中心手帕口清洁站看望一线环卫工人。

2013 年 7 月，习近平总书记在湖北调研。这是习近平总书记冒雨来到武汉新港阳逻集装箱港区考察。

2013 年 11 月，习近平总书记在山东考察。这是习近平总书记在临沂金兰物流基地考察物流运输企业时同管理人员和装卸工亲切交谈。

2015 年 4 月，习近平总书记在庆祝“五一”国际劳动节暨表彰全国劳动模范和先进工作者大会上发表重要讲话。习近平等党和国家领导人向全国劳动模范和先进工作者颁发荣誉证书。

2018 年 9 月，习近平总书记在东北三省考察。这是习近平总书记在辽宁中国石油辽阳石化公司同工人亲切握手。

2018 年 10 月，中国工会第十七次全国代表大会在北京人民大会堂举行。习近平等党和国家领导人同与会代表亲切握手。

2019年2月，习近平总书记在北京看望慰问基层干部群众，考察北京冬奥会、冬残奥会筹办工作。这是习近平总书记在结束前门东区看望慰问乘车返回途中，临时下车来到前门石头胡同的快递服务点，看望仍在工作的“快递小哥”。

2019 年 8 月，习近平总书记在甘肃考察。这是习近平总书记在张掖市山丹培黎学校现代制造技术实训室，观看职业技能实训，同师生亲切交流。

2020年4月，习近平总书记在陕西考察调研。这是习近平总书记在商洛市柞水县小岭镇金米村培训中心，同正在准备网上直播卖货工作的村民亲切交谈。

2020 年 10 月，习近平总书记在广东考察。这是习近平总书记在汕头市小公园开埠区同商铺店员亲切交流，了解复商复市和常态化疫情防控情况。

2021 年 4 月，习近平总书记在广西考察。这是习近平总书记在广西柳工集团有限公司挖掘机装配厂，同企业职工和技术研发人员亲切交谈。

筚路蓝缕

新民主主义革命时期

“劳动模范”孕育于新民主主义革命时期，最初被称为“劳动英雄”。

20 世纪三四十年代，中国共产党在陕甘宁边区等革命根据地发出“自己动手、丰衣足食”的号召，发起了以劳动竞赛为主要形式的大生产运动，涌现出赵占魁、甄荣典、吴运铎等一批劳动模范，他们筚路蓝缕、艰苦奋斗，成为这一时期劳动群众的典范。

在劳动模范的带领下，工人的劳动态度焕然一新，劳动生产率大大提高，有力地支援了边区生产、抗日前线和解放战争，为革命胜利奠定了坚实基础。

1931年11月，中华苏维埃第一次全国代表大会举行，毛泽东当选中华苏维埃共和国临时中央政府主席。在1934年召开的苏区妇女劳动模范代表大会上，毛泽东为受到表彰的人员颁发了奖状和奖品，奖品是一条围裙和一顶竹笠，竹笠上印有“劳动模范妇女”几个大字。如果没有新的历史发现，这应是中国首次使用“劳动模范”称谓，称呼在生产建设中成绩卓越的优秀劳动者。

1943年11月和1944年12月，陕甘宁边区两次在延安举行劳模表彰大会。在其他抗日根据地，党的地方组织也召开了劳模表彰大会，彰显了中国共产党对英雄模范人物的由衷尊敬。赵占魁、甄荣典、吴运铎三位劳动模范，就是在新民主主义革命时期里，为民族独立、人民解放的伟大事业努力奋斗的英雄榜样。

赵占魁是陕甘宁边区的一位普通工人，常年在西北农具厂的化铁炉边工作，干最苦最脏的活，在1939年至1941年间的每次劳动竞赛中都获得“甲等劳动英雄”奖章。毛泽东从《解放日报》上看到了西北农具厂奖励赵占魁的消息后，立即打电话给邓发，他说：“奖励赵占魁这件事做得很好，这不是奖励一个人的问题，而是全边区和其他根据地提高生产、改进工作的新生事物……你们把他的优点总结起来，树立标兵，推广到各工厂各生产单位去。”在毛泽东的高度重视下，“赵占魁运动”迅速推广到各个抗日根据地，造就了新的劳动风气，培养出一大批具有高度觉悟的工人。

前方浴血抗日，后方的兵工厂多生产出一颗炮弹，都是最有力的支援。“炮弹大王”甄荣典脱颖而出。在黄崖洞兵工厂，甄荣典拼命生产更多的炮弹，双手磨出一层厚厚的茧子，厚得连筷子都拿不稳。但是，一般的工人每天生产60颗炮弹（壳），甄荣典最多的一天却生产了480颗。那时，兵工厂工人每天有3钱食油的定量。在甄荣典的带领下，大家谁也舍不得吃，全部用来点灯加夜班生产炮弹。

吴运铎也曾是一名军工工人，后来成为抗日战争时期革命根据地兵工事业的开拓者。1947年9月23日，大连一处山洼里发出一声轰响，新炮弹的试验发生意外，巨大的爆炸气浪把吴运铎抛向空中。这是吴运铎第三次被炸成重伤。吴运铎失去了左眼，左手、右腿残疾，先后经历过20多次手术，身上几十处留有弹片。但是，他以顽强的毅力坚持战斗在生产第一线，被誉为“中国的保尔·柯察金”。他撰写的回忆录《把一切献给党》，成为激励几代人成长的人生教科书。

那是弥漫战火与硝烟的年代，那是时刻奉献与牺牲的年代。赵占魁、甄荣典、吴运铎，他们所代表的那一代劳动模范，就这样用自己忠诚向党、恪守初心的忘我付出，践行了“把一切献给党”的铮铮誓言。

（李瑾 / 执笔）

1941 年 10 月 9 日，中共中央西北局职工委员会发表报告，对边区九个月的工会工作作了全面总结。报告指出，边区总工会在元月向全边区各级工会发出“工会应领导工人积极参加经济建设，提高劳动热忱，保证 1941 年度生产计划的完成”号召后，得到了边区各工厂的积极响应，迅速掀起了生产竞赛活动，生产产量和质量都有很大的提高，并且成本大幅度降低，涌现出了 272 名劳动英雄。这次竞赛活动成为延安劳动竞赛的开端。图为中共中央西北局所在地——南关花石砭。

1943 年 11 月和 1944 年 12 月，陕甘宁边区召开了两次劳模表彰大会，毛泽东在大会上发表了重要讲话，提出了“组织起来”和“学会经济工作”的号召，指出劳动英雄和模范生产工作者带头、骨干以及桥梁的三大作用。图为边区第一届劳动英雄与模范生产工作者大会会场。

1944 年 5 月，边区召开了工厂代表大会，提出了“争取今后两年内达到主要工业品必须全面自给”的目标，还提出了在工厂管理人员中开展“袁广发运动”、在技师中开展“沈鸿运动”、在工人中开展“赵占魁运动”，并且把三个运动结合起来。此后，所有的工厂作坊都推出了自己的劳动英雄，作为运动的旗帜，学习的榜样。图为陕甘宁边区第三届工业展览会。

边区工运浪潮

“赵占魁运动”不仅在全边区公营工厂掀起了生产热潮，而且私营炭窑和手工作坊也热烈响应，就连敌后各抗日根据地也普遍开展起了“赵占魁运动”，如晋冀鲁豫根据地有“甄荣典运动”、晋绥根据地有“张秋风运动”等劳动英雄运动。图为丰足火柴厂的工人开展“赵占魁运动”，加班加点搞生产。

到 1944 年，边区已经有了一些善于管理工厂的干部和二三百个赵占魁式的劳动英雄，如难民工厂劳动英雄袁广发，兵工厂劳动英雄孙云龙、范明谦，工艺实习厂劳动英雄黄海霖、王河海，中央印刷厂女劳动英雄李凤莲和青工劳动英雄曹国兴等。同时，还涌现出了一批模范工厂，如中央印刷厂、新华化学厂、难民纺织厂等。图为陕甘宁边区农业展览会。

劳模运动成为边区和各根据地公营工厂中长期开展群众生产运动的一个确定形式，为工会领导职工生产提出了比较系统的办法，使根据地工会工作和工厂管理跨出了具有重大意义的一步。图为陕甘宁边区劳动模范奖励大会获奖者合影。

赵占魁

（1896—1973）

边区工人一面旗帜

中共党员，山西定襄人，原陕甘宁边区农具厂工人。1943 年陕甘宁边区特等劳动英雄，1950 年全国劳动模范。抗日战争时期，他被称为用革命者态度对待工作的“新式劳动者”。在他的影响下，陕甘宁边区广泛开展了以建立新的劳动态度、提高生产效率为内容的“赵占魁运动”，极大地鼓舞了边区工人的劳动热情，有力推动了整个边区工业的建设发展。

甄荣典

（1916—2000）

炮弹大王

中共党员，河北唐县人，原解放军二八炮弹厂工人。1944 年晋冀鲁豫边区一等劳动英雄，1950 年全国劳动模范。抗日战争时期，他带头响应党的号召，带领大家多造炮弹，争抢速度，维修设备，改进工具，不断刷新日车炮弹的最高纪录，被誉为“炮弹大王”。“只要对革命有利，就要干下去。”他以高度的政治素质和自觉的献身精神，创造了战争年代武器研制生产史上的奇迹。

吴运铎

（1917—1991）

中国的保尔·柯察金

中共党员，湖北武汉人，抗日战争时期革命根据地兵工事业开拓者、新中国第一代工人作家。1951 年特邀全国劳动模范。他在生产与研制武器弹药中多次负伤，失去了左眼，左手、右腿致残，身上留有几十处弹片，仍以顽强毅力坚持战斗在生产第一线，被誉为“中国的保尔·柯察金”。他撰写的回忆录《把一切献给党》，成为激励几代人成长的人生教科书。

奠基立業

社会主义革命和建设时期

新中国成立后，面对复杂而艰巨的社会主义革命和建设任务，为调动广大人民的劳动热情和生产积极性，党和国家先后组织了7次全国劳动模范表彰。

孟泰、赵梦桃、王进喜等老一辈劳模，用自己的奉献和牺牲，铸就着中华民族的精神魂魄，成为新中国冲出困境、冲向光明的精神力量，成为艰难创业时代的精神符号和象征。他们的事迹奠定了劳模精神的基本底色，成为以爱国主义为核心的民族精神和以改革创新为核心的时代精神的重要组成部分。

1949年10月至1978年12月，在社会主义革命和建设时期，面对复杂而艰巨的革命和建设任务，为调动广大人民的劳动热情和生产积极性，党和国家先后组织了7次全国劳动模范表彰。

1949年10月1日，中华人民共和国成立。“时间开始了！”这是当时一首抒情长诗的题目。对于古老的中华民族，对于亿万中国人民，这正是在新的时间中创造奇迹的开始。然而，奇迹的起笔处，却是“满目萧条、百废待兴”的“一张白纸”。毛泽东感慨地说：“现在我们能造什么……一辆汽车、一架飞机、一辆坦克、一辆拖拉机都不能造。”

困难面前，一批又一批劳动模范响应党的号召，带动广大群众自力更生、奋发图强。他们就像翻腾的浪花和血性的江河，在呐喊中奔流向前。他们用排山倒海一般的力量，铸就了中国工人阶级的不屈不挠、奋斗到底的铁魂，描绘出中国劳模精神的坚强底色。

1950年9月25日，全国工农兵劳动模范代表会议在北京召开。这是新中国成立后的第一次全国劳模代表会议，参加会议的劳动模范代表共有464人。代表进入北京时，统一由“毛泽东号”机车送到前门火车站。

马万水是新中国黑色金属矿山掘进纪录的创造者。1950年6月，他和工友们创造了手工凿岩月进23.7米的全国纪录。今天来完成这段掘进，现代化的机械只需要十几分钟甚至几分钟。但在新中国百废待兴的年代，马万水用的是铁锤和钢钎，每凿进一厘米，都需要拼尽全身力气反复敲击。在北京参加劳模大会期间，朱德和康克清把马万水请到家里吃饭，朱德还送给他一张亲笔签名的照片。这张照片后来一直挂在马万水的家里，见证着一位开国元勋和一位新中国劳模的深厚情谊。

马恒昌是新中国班组运动的创始人。1951年1月，马恒昌小组发出了《全国工矿职工开展爱国主义劳动竞赛的倡议书》，掀起共和国历史上第一次劳动竞赛热潮。直到1978年，71岁的马恒昌还住在一处灰白外墙的平房里，紧邻公共厕所和垃圾堆，雨天泥泞不堪，冬天污水成冰。而在这个时候，他已经担任了13年全国人大常委会委员。1985年5月，马恒昌第一次抗拒了组织上的决定，坚持离开北京友谊医院，乘上返回齐齐哈尔的火车。他说：“北京不能再待了，花钱太多了，那都是工人的血汗钱啊！”两个月后，马恒昌因病医治无效去世。临终之时，他的眼角流出两行热泪，没有遗言。但是，他把中国工人阶级吃苦耐劳、奋斗奉献的本色，坚守到生命的最后一息。

这一时期，田桂英和梁军，成为新中国第一位女火车司机和第一位女拖拉机手。第三套人民币壹元券上的女拖拉机手形象，就是以梁军为原型创作的，她也因此被称为把拖拉机“开”到人民币上的人。田桂英和梁军用自己的行动，带动了新中国第一代妇女走向工业生产一线，展现了新中国妇女的崭新形象。

“高炉卫士”孟泰为新中国钢铁事业的发展作出了重要贡献。鞍山解放之时，鞍钢的高炉成为一堆废铁，设备被炸得七零八落，外国人说至少需要20年才能恢复起来。孟泰不信邪，每天扒开一尺多厚的积雪，从废铁堆里拾捡气门、弯头和活塞头，擦拭干净，按照不同尺寸分别放好。鞍钢修复的第一个高炉，使用的全部是孟泰和工友们拾捡回来的零部件。高炉熔炼出的第一炉铁水，被命名为“争气铁”。52岁的孟泰，就这样成了新中国最出名的工人之一。

1956年4月30日，全国总工会在北京召开全国先进生产者代表会议，授予4703人全国先进生产者称号。这次全国劳模表彰，促进了“一五”计划的胜利完成和我国工业化建设。

曾经是全国最先完成“一五”计划的一线工人，后来是全国总工会的副主席，他就是被称为“走在时间前面的人”的王崇伦。1954年初，一批工业战线的技术革新能手应邀来到北京座谈。王崇伦联合其他6位技术工人，联名写信给全国总工会，建议在全国开展技术革新运动。王崇伦等人的建议，得到了全国总工会领导的高度重视。当年4月，全国总工会做出《关于在全国范围内开展技术革新运动的决定》。一个群众性的技术革新运动，就这样在大江南北蓬勃兴起。后来，王崇伦的事迹被编入小学生语文课本，他发明的万能工具胎还被印成邮票发行。1981年10月，王崇伦任中华全国总工会副主席、书记处书记、党组成员。

赵梦桃是一位细纱挡车工，先后10多次将使用顺畅的好车主动让给工友，自己克服困难开陈旧的“老虎车”，却依然年年超额完成生产任务。赵梦桃28岁就去世了。但是，“把方便让给别人，把困难留给自己，不让一个姐妹掉队”的精神，成为纺织工人的力量源泉，赵梦桃小组的旗帜至今仍放射着灿烂光辉。

这一时期，最为著名的劳模人物还有大庆“铁人”王进喜。新中国成立之后，贫油的帽子沉重地扣在中国人的头上。在中国实现工业化最为艰难的时刻，王进喜以劳动榜样的骄傲姿态，屹立成茫茫荒原上的巍峨钻塔，挺起了一个困苦民族的脊梁。1959年，铁人王进喜带领钻井队创造了年钻井进尺7.1万米的全国纪录，相当于旧中国42年钻井进尺的总和。“宁肯少活二十年，拼命也要拿下大油田”“有条件要上，没有条件创造条件也要上”……王进喜身上形成的铁人精神，生动体现着中国工人阶级的伟大品格，成为鼓舞中国工人阶级勇往直前的动力。

1959年10月，中共中央、国务院在北京召开全国群英会，3267人获得全国先进生产者称号。群英会期间，周恩来在人民大会堂举行盛大晚宴，招待英雄模范代表，苏联芭蕾舞团还表演了著名古典芭蕾舞剧《天鹅湖》。在国家面临严重困难的时期，劳动模范在政治待遇和生活待遇上，依然得到充分的尊重与关怀，显示出劳模表彰在党和国家政治生活中占据着重要地位。

张秉贵是1959年全国劳动模范。他把北京百货大楼卖糖果的三尺柜台，变成了为人民服务的人生舞台，练就了“一抓准”和“一口清”的独门技艺。张秉贵的眼神、语言、动作、表情、步伐和姿态，无处不让顾客感受到心的温暖，接待顾客近400万人次，从没有红过一次脸、吵过一次嘴，从没有怠慢过任何一个人。张秉贵的服务思想和经验，让他在北京成为备受尊敬的人。公共汽车上，买过糖的乘客主动给他让座。

公共浴室里，素不相识的人主动为他搓背。去世之前，69岁的张秉贵说："我这一辈子，在柜台上用尽了全部的力气。"

历史前行的每一步，无不需要精神力量的推动。习近平总书记指出，精神是一个民族赖以长久生存的灵魂，唯有精神上达到一定的高度，这个民族才能在历史的洪流中屹立不倒、奋勇向前。孟泰、赵梦桃、王进喜等老一辈劳模，用自己的奉献和牺牲，铸就着中华民族的精神魂魄，成为新中国冲出困境、冲向光明的精神力量，成为艰难创业时代的精神符号和象征。他们的事迹奠定了劳模精神的基本底色，成为以爱国主义为核心的民族精神和以改革创新为核心的时代精神的重要组成部分。

（李瑾／执笔）

马万水

（1923—1961）

永远争先进攀高峰的矿山工人

中共党员，河北深县人，原河北龙烟铁矿马万水小组组长。1950 年全国劳动模范。他创造了手工凿岩、手工作业、独头掘进的全国黑色金属矿山掘进纪录。1960 年创造了独头巷道月掘进 435.91 米的全国纪录。小组多次刷新全国黑色金属矿山掘进纪录，发明了“深坑作业法”等 200 多项先进技术，形成了一整套快速掘进先进经验。

马六孩

（1916—1998）

创造全国煤炭掘进纪录

中共党员，山西大同人，原大同煤矿同家梁矿掘进组组长。1950 年全国劳动模范。1951 年，他率领的快速掘进组突破了月进 300 米大关，创造了全国掘进最高纪录，后又带领小组取得月进 1300 多米的惊人成绩。他首创了“马六孩循环作业”“马六孩多孔道循环掘进工作法”等多种掘进方法。这些方法被广泛推广，极大地提高了全国煤炭产量。

马恒昌

（1907—1985）

掀起共和国历史上第一次劳动竞赛热潮

中共党员，辽宁辽阳人，原齐齐哈尔第二机床厂总机械师、马恒昌小组组长。1950 年全国劳动模范。1948 年 11 月，他带领工人们奋不顾身地完成了一批批军工生产任务。1951 年 1 月，他创建的“马恒昌小组”在《工人日报》发表《全国工矿职工开展爱国主义劳动竞赛的倡议书》，掀起了共和国历史上第一次劳动竞赛热潮。

田桂英

（1930—）

新中国第一位女火车司机

中共党员，辽宁大连人，原沈阳铁路局工程处火车司机。1950 年全国劳动模范。1950 年 3 月 8 日，她驾驶着“三八”号机车组从大连开往旅顺，成为新中国第一位女火车司机。她身穿工服、头戴工帽、脖子上围着白毛巾，工作认真，毫不懈怠。她严把安全行驶关，三年安全行车 20 多万公里，没有发生一起事故。

孟　泰

（1898—1967）

高炉卫士

中共党员，河北丰润人，原辽宁鞍山钢铁公司工人。1950 年、1956 年、1959 年全国劳动模范。新中国成立初期，他带领工友们把日伪时期遗留下来的废铁堆翻了个遍，并加以整理、分类、修复，建成了当时著名的“孟泰仓库”，以备急需。他爱炉如命，爱厂如家，不顾个人安危，日夜守护在高炉上，先后恢复了一、二、四号三座高炉的生产，被称为“高炉卫士”，为新中国钢铁事业的发展作出了重要贡献。

赵桂兰

（1930—2019）

党的好女儿

中共党员，山东安丘人，原大连523厂工人。1950年全国劳动模范。1949年12月19日，抱病上班的她拿着100克雷汞准备送到配置室，途中突然头晕腿软，配置室里放的全是易燃易爆品，为了保护国家财产，跌倒时她把雷汞紧紧抱在怀里，压在身下。雷汞爆炸，她左下臂被炸飞，右臂断了五根筋，头部和身体多处重伤。她的事迹被广为传播，编进了课本，人们亲切地称她为“党的好女儿”。

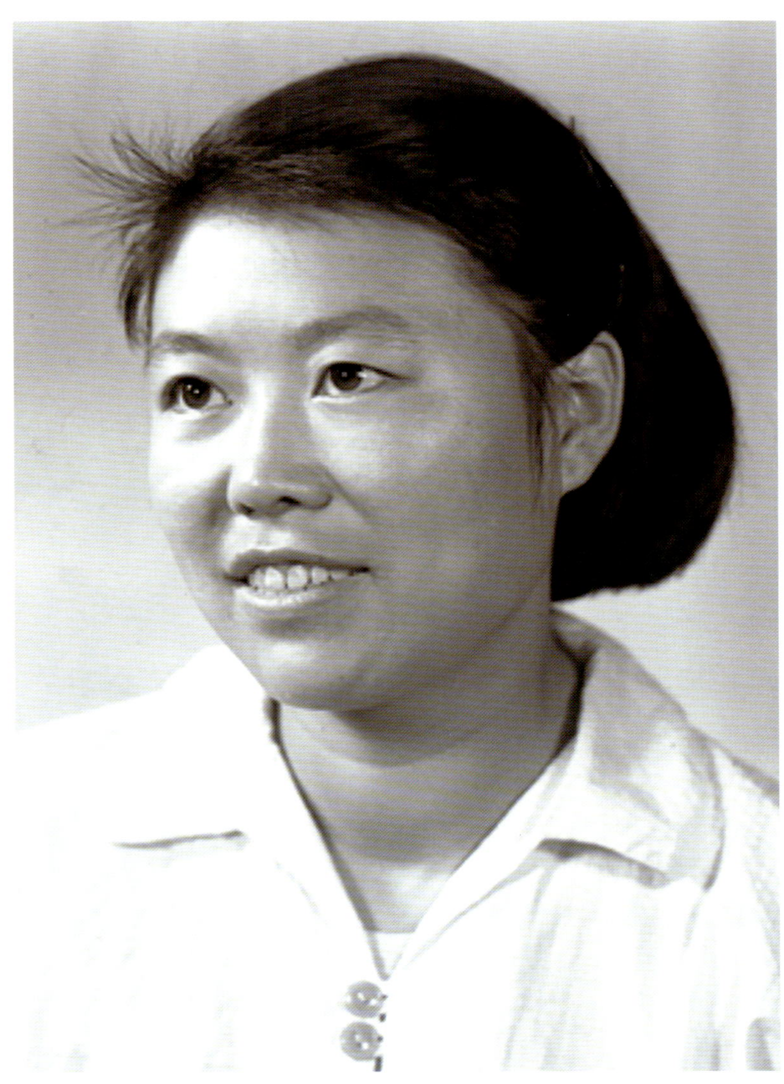

梁 军
（1930—2020）

把拖拉机“开”到人民币上

中共党员，黑龙江明水人，原哈尔滨市农机局工人。1950 年全国劳动模范。她是新中国第一届全国劳动模范、第一届全国人大代表；她是第三套人民币壹元券上女拖拉机手的原型；她是北大荒精神的践行者。扎根农机一线岗位 40 多年，她把青春献给了北大荒建设和农业现代化事业。她自学成才，出版农机专著、编制哈尔滨市农机发展规划、培养大批农机人才，多次获得省市级科技进步奖。

马永顺

（1914—2000）

从伐木能手到植树英雄

中共党员，黑龙江伊春人，原伊春市铁力林业局工人。1956 年全国劳动模范。当国家建设需要木材时，他一个采伐期伐木 1200 立方米，独自完成 6 个人的工作量，创造了全国手工作业伐木最高纪录；当国家生态环境需要保护时，他带领祖孙三代植树 5 万多棵，成为远近闻名的植树英雄。他始终牢记——“林业工人要多造林，造好林，实现青山常在，永续利用”。

王崇伦
（1927—2002）

走在时间前面的人

中共党员，辽宁辽阳人，原鞍钢工人，中华全国总工会原副主席。1956 年、1959 年全国劳动模范。新中国成立初期，他研制出“万能工具胎”，一年完成四年任务，成为全国最先完成第一个五年计划的一线工人，被誉为“走在时间前面的人”。抗美援朝军品生产中，他设计并制造出特殊卡具，提高工效 24 倍。20 世纪 60 年代初，他实现了 100 多项革新，先后突破十几项重要技术难题，填补了我国冶金史的空白。

王全禄

（1919—2019）

用一辈子做好一个木匠

中共党员，湖南祁东人，原广西桂林市第一建筑安装工程公司木材加工厂工人。1956年全国劳动模范。1954年，他带领全厂职工设计制造出150多台木材加工机械，完成250多项技术革新，使木材加工基本实现了机械化和半机械化。20世纪80年代，他又努力向木材加工全部机械化和自动化进军，探索木材综合利用，并取得优异成绩。他常说："我没做什么惊天动地的事，我一辈子就做一件事——做好一个木匠。"

王大珩
（1915—2011）

用“光”改变中国

中共党员，江苏苏州人，中国科学院院士、中国工程院院士，中国科学院长春光学精密机械与物理研究所原名誉所长。1956 年、1978 年、1979 年全国劳动模范。从 1948 年回国算起，他为中国科技事业整整奉献了 63 年。他从零做起，带领科研团队熔制成功第一炉光学玻璃，结束了中国没有光学玻璃制造能力的历史，为新中国光学事业的发展揭开了序幕。1986 年 3 月，他参与提出“863”计划建议，对中国科技发展具有深远影响。

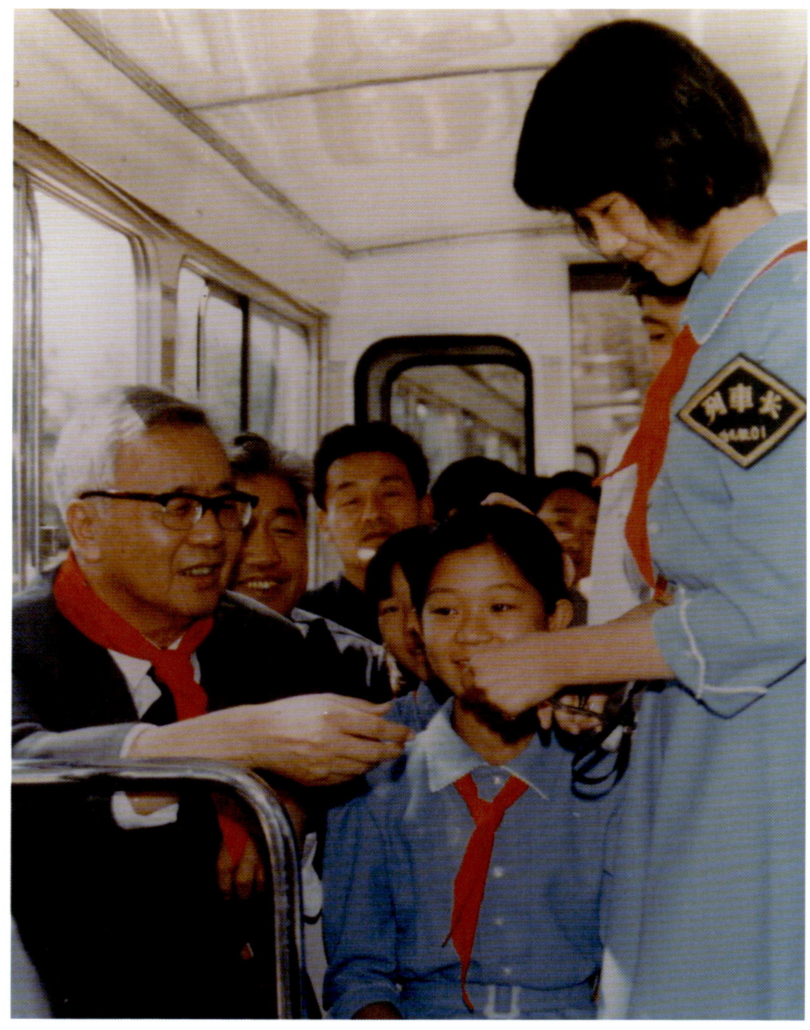

华罗庚

（1910—1985）

人民的数学家

中共党员，江苏常州人，中国科学院院士，中国科学院原数学研究所研究员、所长。1956 年、1978 年全国劳动模范。他是中国解析数论、矩阵几何学、典型群、自守函数论等多方面研究的创始人和开拓者。他一生都没有放下手中的教鞭，致力于传播数学，播撒科学的种子，被誉为“人民的数学家”。

赵梦桃

（1935—1963）

纺织战线的一面旗帜

中共党员，河南洛阳人，原西北第一棉纺厂细纱挡车工。1956 年、1959 年全国劳动模范。她摸索出科学的巡回清洁检查操作法，使断头减少三分之二，粗细节坏纱减少 70%，帮助 13 名工人成为工厂先进生产者，带领“赵梦桃小组”成为我国纺织战线的一面旗帜。她的“高标准、严要求、行动快、工作实、抢困难、送方便”和“不让一个伙伴掉队”等思想品质成为催人奋进的磅礴力量。

王进喜

（1923—1970）

铸就伟大的“铁人精神”

中共党员，甘肃玉门人，原大庆油田钻井指挥部副指挥、钻井队队长。1959 年全国劳动模范。他以“宁肯少活二十年，拼命也要拿下大油田”“有条件要上，没有条件创造条件也要上”的气概，带领石油工人为我国石油工业发展顽强拼搏。“铁人精神”成为激励各族人民意气风发投身社会主义建设的强大精神力量。

时传祥

（1915—1975）

“宁愿一人脏，换来万家净”

中共党员，山东齐河人，原北京市崇文区清洁队淘粪工人。1959 年全国劳动模范。他把淘粪当成十分光荣的职业，以“工作无贵贱，行业无尊卑；宁愿一人脏，换来万家净”的高尚境界赢得社会各界的尊重。1959 年全国群英会上，时任国家主席刘少奇握着他的手说：“你淘大粪是人民的勤务员，我当主席也是人民的勤务员，这只是革命分工不同。”

张秉贵

(1918—1987)

“燕京第九景”

中共党员，北京市人，原北京市百货大楼售货员。1959 年全国劳动模范。他将三尺柜台视为人生舞台，练就了令人称奇的“一抓准”“一口清”技艺，被首都群众喻为“燕京第九景”。他 30 多年接待顾客近 400 万人次，从没有跟顾客红过一次脸、吵过一次嘴，没有怠慢过任何一个人。张秉贵用自己心中的“一团火”，温暖着每一个顾客的心，他为人民服务的精神也激励着一代代人。

尉凤英

（1933—）

毛主席的好工人

中共党员，辽宁抚顺人，原沈阳东北机器制造厂工人。1959 年全国劳动模范。她勤奋好学，钻研技术，大胆革新，从 1953 年至 1959 年完成技术革新 107 项，提前 434 天完成了第一个五年计划，又用短短四个月完成了第二个五年计划的全部生产任务。她曾 13 次受到毛主席的接见，被誉为“毛主席的好工人”，在当时的青年工人中产生巨大影响。

勇立潮头
改革开放和社会主义现代化建设新时期

改革开放，万象更新。我国工人阶级和广大劳动群众以高昂的热情投身改革开放和社会主义现代化建设，工业、农业、国防、科技、文化、教育、卫生等各条战线，涌现出一大批勇立时代潮头、锐意改革创新的劳动模范。

他们敢啃硬骨头，敢于涉险滩，创造了一个个令世界赞叹的中国奇迹，在波澜壮阔的改革开放和社会主义现代化建设历史进程中绽放出夺目光彩。

从1978年12月至2012年11月，时间进入改革开放和社会主义现代化建设新时期。在中国共产党的领导和指引下，以各条战线上的劳动模范人物为代表的中国工人阶级焕发出巨大的蓬勃生机，表情逐渐生动，活力开始涌现，力量竞相迸发，汇聚成奔腾向前的时代洪流，推动中国改革开放的航船不断前行。中国工人阶级和属于中国工人阶级的时代，就这样进入波澜壮阔的改革时间。

从1961年到1976年，全国劳模表彰中断了16年。从1979年开始，人民大会堂先后召开了7次全国劳模表彰大会，15125位先进个人光荣获奖。改革开放以来，中国迎来了科学的春天，开始了攀登科学高峰的新长征。

1978年当选全国劳动模范的吴文俊，用算法的观点对中国古算作了分析，同时提出用计算机自动证明几何定理的有效方法，对国际数学与人工智能研究影响深远。

同一年，陈景润当选全国劳动模范。他把几百年未曾解决的哥德巴赫猜想的证明大大推进了一步，发表了震动国际数学界的“陈氏定理”。

当吴文俊和陈景润走进人民大会堂接受表彰的时候，蒋筑英也找到了中国知识分子的坚定信仰——“人的生命是有限的，党的事业是永存的。”蒋筑英第一次出国去欧洲学习，半年时间里一直省吃俭用，省下的外汇为单位买了一台英文打字机、一部录音机和20部电子计算器。当时，蒋筑英的家只有14平方米，挤着两代四口人，平均每人只有3.5平方米的生活空间，他自己只能趴在床板上研究课题。1983年2月，蒋筑英被追授全国劳动模范称号。8个月前，他倒在了完成科研项目的旅途中。出差那天，蒋筑英凌晨5点起床，给妻子孩子煮好早饭。然而，两天以后，这位一米八的“大个子”却永远离开了。直到这时，人们才震惊地发现，身患化脓性胆管炎、败血症、急性肺水肿的蒋筑英，临终前竟然没日没夜连续工作了两天。

生活简朴少人问津，理想依旧无比坚定，脊梁永远孤傲挺直。改革开放是一次前所未有的征途。从吴文俊、陈景润到蒋筑英，他们所代表的充满理性和智慧的中国知识分子，尊崇天下为公，担当家国情怀，一刻不停地向着祖国的美好未来拼命奔跑。即便在最终无力倒下的时候，他们的精神依然化成了一座又一座高耸的丰碑，默默矗立在历史前行的征途，深情地祝福着我们和我们的时代。

包起帆，左手大拇指有一道深深的伤疤，那是他在上海港务局码头当装卸工时，被钢丝绳狠狠击打留下的印记。1981年，亲眼看到3位工友死在木材装卸作业现场后，初中毕业进入码头做装卸工的包起帆暗下决心，要把工友的生命从“虎口”里夺回来。3年以后，一套完整的木材抓斗装卸工艺系统成功诞生，码头工人不再需要直接捆扎木材。从此，包起帆有了新的称号——“抓斗大王”。包起帆是伴随改革开放成长起来的中国工人的缩影。他先后5次当选全国劳动模范，3次获得国家科学技术进步奖。他用自己的成长经历证明：可以没有学历、资历和背景，但只要努力学习、用心做事，照样能够取得成功。

正是从包起帆首次当选全国劳动模范的1989年开始，全国劳动模范和先进工作者表彰大会的名称被明确固定下来，一直沿用至今。从这次表彰开始，表彰大会设立筹备委员会成为制度，同时在全国总工会设立筹委会办公室。也是从这一次表彰开始，劳模奖励办法重新恢复为精神奖励和物质奖励相结合。1989年的物质奖励是晋升两级工资，对农民中的全国劳动模范则是每人奖励1000元。此后，全国劳动模范的物质奖励统一采取一次性奖励的办法，1995年为3000元，2000年为5000元，2005年增加到1万元。

劳动模范最能体现时代特色和主题，肩负着示范、带动、引领的时代使命。在改革开放带来的经济建设浪潮里，企业改革的领导者和勤劳致富的带头人脱颖而出，成为劳模表彰的重点人选。一代又一代企业家劳动模范有魄力、敢担当，率先大胆进行体制机制改革，受到党的褒奖和人民的赞誉。

国企改革“邯钢经验”的创造者刘汉章。他把市场机制引入企业内部经营管理，创立推行“模拟市场核算、实行成本否决”经营机制，在全国掀起了一场企业管理模式革命。

“中国第一村”带头人吴仁宝。曾经被水洼河沟分割成1300多块的华西村，在他的带领下甩掉了贫困的帽子，书写下“农民、社会主义、共同富裕”的中国传奇。

东方品牌的传奇缔造者张瑞敏。他把海尔从濒临倒闭的集体小厂发展成为跨国企业集团，实现了中国企业管理从学习模仿到引领世界的突破。

第一代乡镇企业改革家鲁冠球。在浙江，他最早签订厂长个人风险承包合同，开了企业承包改革的先河，同时开了乡镇企业收购海外上市公司的先河。

随着市场经济的快速发展，传统的价值观念发生着深刻的变迁。但是，一代又一代劳动模范恪守初心，为人民服务的精神传承不息。

在上海，能够和包起帆一样，先后5次获得全国劳动模范称号的人，只有徐虎。他最常说的一句话是，“辛苦我一个，幸福千万家”。徐虎是水电工，他在自己负责的街巷区域里，挂出了3个“夜间水电急修特约报修箱”，义务为居民服务。这3个报修箱，一挂就是13年。每天晚上7点，徐虎总是带着工具包，打开报修箱，按照报修纸条上门修理。有一个显然并不完全的数据，这样的义务服务，用掉了徐虎6382个小时的业余时间。

另外一位让人民记住名字的人，是永远倒在青藏高原的孔繁森。1988年，44岁的孔繁森准备再次进藏工作。告别家乡的时刻，他为母亲梳完头，跪倒在地号啕大哭。他不知道这一走，快90岁的母亲还能不能等到他再回来。6年以后，孔繁森在工作途中遭遇车祸，不幸遇难。噩耗传来，一直神志不清的母亲忽然对家人说：“俺三儿回来了，快点香！”人们没有想到，孔繁森给母亲留下的全部财产，只有八元六角钱。但是，人们更没有想到的是，孔繁森去世以后，数不清的哈达敬献在他的灵前，堆得像洁白的雪山。

在徐虎和孔繁森的身上，体现的是共产主义思想和民族传统美德的完美结合。更多像他们一样的劳动模范，始终把自己的利益与人民的利益自觉地联系了起来，践行了初心使命，升华了人生价值。他们传递温暖的善意，唤醒社会的良知。他们让中国改革开放航船上的每一个人，彼此忠诚相拥，融合你我，永远相亲相爱。

1998 年，24 岁的四川农民胡小燕坐了 38 个小时的绿皮火车，来到广东佛山，第一份工作是电子厂流水线工人。接下来，她当过陶瓷厂的窑土工，自学过陶瓷印花和淋釉。2008 年，胡小燕成为全国第一个当选全国人大代表的农民工。这一年，中国农民工总量已经突破 1.3 亿人。第一次参加全国人大会议，胡小燕成了国家最高议政殿堂里的耀眼明星。

包括胡小燕在内，一大批来自农民工群体里的优秀劳动者，成为全国劳动模范或全国五一劳动奖章获得者。在人生发展的通道上，他们完成了从农民向产业工人的身份转型。

1980 年，技校毕业生李斌成为上海一家工厂的工人。年复一年，他就像一颗螺丝钉，牢牢地钉在生产第一线，“驯服”了一台又一台进口机床。20 年后，李斌当选全国劳动模范。2016 年 3 月，全国人大会议上海代表团会场，李斌作了 8 分钟的发言，核心的意思只有一个——“提升技术工人的技能刻不容缓”。2017 年 2 月，中共中央、国务院印发《新时期产业工人队伍建设改革方案》。2019 年 2 月，李斌去世，但是人们从来没有忘记他。他所牵挂的中国技术工人的命运，正在发生着深刻改变。

被称为帕米尔高原“白衣圣人”的吴登云，先后为病人无偿献血 30 余次，总计 7000 多毫升。为了抢救烧伤的婴儿，他割取了自己腿上的 13 块皮。

这次劳模图片展中，潘兰英是唯一一位专职工会工作者。1994 年 5 月，35 岁的潘兰英成了黄石市丝绸厂的“留守工会主席”。当时，这家企业已经停产，全厂共有 685 名职工，下岗人员竟达 665 人。5 年时间，潘兰英自费跑了 100 多家企业，走访了 340 余户困难职工家庭，帮助 170 多名下岗职工重新就业，解决了 180 名退休职工的养老金问题，被大家称为困难职工的贴心人。此后，潘兰英出任黄石市总工会生活保障部副部长。“潘兰英职工维权服务热线”也成为第一个以全国劳动模范命名的职工维权热线品牌。

潘兰英是全国成千上万优秀工会工作者的缩影。她为职工群众默默做的每一件小事，都在告诉我们有一种善良叫“操劳”，有一种牺牲叫“坚守”，有一种力量叫“温暖”；都在提醒更多的工会工作者，要努力成为职工群众最可信赖的娘家人和贴心人。

改革开放是一次伟大革命，中国工人阶级焕发出巨大活力，成为不可缺少的中坚力量。习近平总书记指出：“人世间的美好梦想，只有通过诚实劳动才能实现；发展中的各种难题，只有通过诚实劳动才能破解；生命里的一切辉煌，只有通过诚实劳动才能铸就。”作为亿万职工群众的优秀代表，各行各业的劳动模范默默无闻，艰苦付出，彰显出前仆后继、滴水穿石的历史担当，为习近平总书记对于诚实劳动的论述写下了生动的注脚。

王顺友，用脚书写一位劳动模范独走深山的故事。从接过父亲传给自己的马缰绳开始，四川凉山马班邮路的乡邮员王顺友，就安心于一个人、一匹马的生活，孤身上路，默默行走。山洞，牛棚，树林，雪地。每一年，王顺友独行的日子都要超过 330 天。整整 20 年，王顺友没有延误过一个班期，没有丢失过一个邮件。

邓建军，用钻研写就一位劳动模范学无止境的故事。“无论你是狮子还是羚羊，当太阳升起，你要做的，都是奔跑。”在企业技术研发的征途上，仅有中专文凭的邓建军不断学习，全速冲刺。他带领技术研发团队日臻奋进，托举起中国纺织产业的技术梦想。

许振超，用金牌记录一位劳动模范创造奇迹的故事。初中毕业后，许振超成为一名码头工人。他坚持“干就干一流，争就争第一”，练就了“一钩准”“一钩净”和“无声响操作”的绝活，带领团队 6 次打破集装箱装卸世界纪录。许振超这样解释自己的成功：“一个人可以没文凭，但不可以没知识；可以不进大学殿堂，但不可以不学习。只有知识才能改变命运，只有发奋学习才能成就未来。”

樊锦诗，用一生谱写一位劳动模范守护历史的故事。生在北京，长在上海，北大毕业，扎根大漠，这是樊锦诗的人生传奇。1963 年，樊锦诗从北京大学毕业，立志报效祖国，住进了敦煌莫高窟旁边的破旧小庙。这里生活极其清苦，曾经黄土漫天，让人无法呼吸。但是，樊锦诗选择了坚持。她说：“祖国的需要，就是我的志愿。”守住前辈的火，开辟明天的路。一腔爱，一洞画，一场文化苦旅，从青春到白发。心归处，是敦煌。因为有了樊锦诗，从壁画病害防治、崖体加固到环境监测，敦煌遗产保护翻开了新篇章。

布茹玛汗·毛勒朵，用拳拳之心表达一位劳动模范巡边护边的故事。中国的最西部，海拔 4290 米的新疆冬古拉玛山口。在冰川与大山之间，布茹玛汗·毛勒朵走了 50 多年。1961 年，19 岁的布茹玛汗跟随丈夫在冬古拉玛安家。她发现，这里的边界线没有界碑，便立下手刻界碑的心愿。第一次将“中国”两个字刻在石头上的时候，布茹玛汗激动地把这块石头抱在怀中。就这样，她在 10 多万块石头上刻下了“中国”二字，成为国境线上撼动人心的守护神。

苟日新，日日新，又日新。日新月异的时代，人们总是惊讶于明艳的鲜花，却时常忽略那些默默无闻的绿叶和土壤。但是，推动历史前行的力量，离不开那些默默无闻的清贫劳动者。正是他们挺起了脊梁和胸膛，支撑着共和国改革开放的根基。

这一历史时期，“雷锋传人”郭明义值得记录书写。人们这样赞美郭明义——他总看别人，还需要什么；他总问自己，还能多做些什么。他舍出的每一枚硬币、每一滴血都滚烫火热。他越平凡，越发不凡，越简单，越彰显简单的伟大。一组不完全的统计数字里，郭明义累计义务献工 2.1 万多个小时，捐款 54 万多元，资助贫困学生 300 多名，无偿献血 7 万多毫升。今天，以他的名字命名的郭明义爱心团队，在全国各地开花结果，成为一支 230 多万人的学雷锋大军，彰显出雷锋精神永不过时。习近平总书记指出，雷锋、郭明义、罗阳身上所具有的信念的能量、大爱的胸怀、忘我的精神、进取的锐气，正是我们民族精神的最好写照，他们都是我们“民族的脊梁”。

在改革开放和社会主义现代化建设新时期，一大批劳动模范奋战在国民经济生产的各条战线上，敢啃硬骨头，敢于涉险滩，攻坚克难、开拓前行。正是在劳动模范的引领和感召下，中国工人阶级同时间赛跑、同历史并进，把真干作为本分，把实干作为责任，把苦干作为追求，创造了改革开放史上一件又一件彪炳史册的丰功伟绩，谱写了一曲又一曲感人至深的时代壮歌。

（李瑾／执笔）

吴文俊

(1919—2017)

“科学道路上没有便宜可捡”

中共党员，上海市人，著名数学家，中国科学院院士。1978 年全国劳动模范，2019 年“人民科学家”国家荣誉称号获得者。他对数学的核心领域拓扑学作出重大贡献，提出用计算机自动证明几何定理的有效方法，在国际上被称为“吴方法”，对国际数学与人工智能研究影响深远。“科学道路上没有便宜可捡”，这是他给青年学子的谆谆教诲。

陈景润

（1933—1996）

哥德巴赫猜想证明第一人

无党派人士，福建福州人，中国科学院院士，中国科学院原数学研究所研究员。1978 年全国劳动模范。1973 年，他提出“1+2”的详细证明，把几百年未曾解决的哥德巴赫猜想的证明大大推进了一步，发表了震动数学界的“陈氏定理”。他的先进事迹和奋斗精神，激励着千百万青年攀登科学高峰。

史来贺

（1930—2003）

农民致富的领头人

中共党员，河南新乡人，原河南省新乡县刘庄大队党支部书记。1979 年、1989 年全国劳动模范。他用了 20 年的时间，把刘庄凹凸不平的“盐碱洼”“蛤蟆窝”荒地改造成了现代化农业园区。党的十一届三中全会以后，他带领刘庄群众向高科技进军，形成了以农促工、以工建农、农工商并举的商品经济新格局。

蒋筑英

（1939—1982）

甘做祖国科技现代化的铺路石

中共党员，著名光学家，中国科学院长春光学精密机械与物理研究所原研究员。1983 年全国劳动模范。他一生致力于光学传递函数理论研究，攻克了国产镜头研制工作中的许多关键技术难题。他常说：“我就是一块铺路石，为祖国的科技现代化，为更多的年轻科技人员攀登高峰创造条件。”

许海峰

（1957—）

中国首位奥运冠军

中共党员，安徽全椒人，国家体育总局自行车击剑运动管理中心原副主任。1985 年全国五一劳动奖章获得者。1984 年美国洛杉矶奥运会，他实现了中国奥运金牌“零的突破”。在中国体育射击史上，他是第一个集奥运会冠军、世锦赛冠军、亚运会冠军、亚锦赛冠军等多项荣誉于一身的运动员。他退役后培养出多名奥运冠军、世界冠军，成为赫赫有名的“金牌教练”。

杨怀远

（1937— ）

人民的挑夫

中共党员，安徽庐江人，原上海市海运局“长柳轮”服务员。1985 年全国劳动模范。一根小扁担，他挑了 38 年，自制 120 多种便民用具，千方百计为旅客排忧解难。他用日记积累了 6000 余首服务诗歌、顺口溜，还把服务经验写成 40 余万字的《讲点服务学》，被旅客誉为“老人的拐杖”“孩子的保姆”“病人的护士”。

邓稼先

（1924—1986）

共和国的两弹元勋

中共党员，安徽怀宁人，著名核物理学家，中国科学院院士。1986 年全国劳动模范。他是中国核武器事业的奠基人和开拓者，领导完成了原子弹的理论方案，并参与指导核试验的爆轰模拟试验，迈出了中国独立研究核武器的第一步。他领导并参与了 1967 年中国第一颗氢弹的研制和试验工作，为中国核武器的研发作出了重要贡献。

王永民

（1943—）

“王码五笔字型”发明者

中共党员，河南南召人，北京王码创新网络技术有限公司董事长。1988 年全国劳动模范。作为计算机汉字输入方法的发明者，他用自己的智慧改变了 20 世纪 80 年代的中国社会生活。他把 1.2 万个汉字逐一分解，归纳出 125 种组成汉字的字根，完成了世界上汉字输入技术的“登顶一跳”，开辟了计算机时代汉字应用的新纪元。

于　漪

（1929—）

基础教育改革的开拓者

中共党员，江苏镇江人，上海市杨浦高级中学名誉校长。1989 年全国先进工作者，2019 年“人民教育家”国家荣誉称号获得者。“一辈子做教师，一辈子学做教师。”她长期躬耕于中学语文教学事业，坚持教文育人，推动“人文性”写入全国《语文课程标准》；主张教育思想和教学实践同步创新，撰写数百万字教育著述，为推动全国基础教育改革发展作出突出贡献。

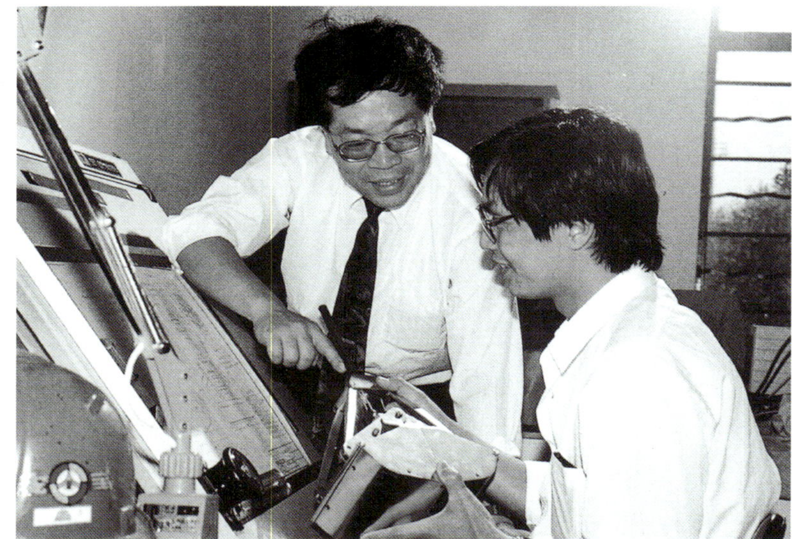

包起帆

（1951—）

共和国的“抓斗大王”

中共党员，浙江镇海人，原上海国际港务（集团）股份有限公司副总裁。1989 年、1995 年、2000 年、2005 年、2010 年全国劳动模范。20 世纪 80 年代，他开展新型抓斗及工艺系统的研发，创造性地解决了一批关键技术难题，赢得了“抓斗大王”的美誉。进入 21 世纪，他又领军发明了在国际上被誉为“人类运输方式革命”的集装箱电子标签系统，让世界对中国创造竖起大拇指。

刘汉章

（1936—2009）

国企改革“邯钢经验”的创造者

中共党员，河南巩义人，原邯郸钢铁集团有限责任公司董事长、总经理。1989 年、2000 年全国劳动模范。他大刀阔斧地进行邯钢领导体制改革和劳动人事分配制度改革，推行“模拟市场核算、实行成本否决”经营机制，推动邯钢实现跨越式发展。“邯钢经验”在全国掀起了一场企业管理式革命。

吴仁宝

（1928—2013）

“中国第一村”带头人

中共党员，江苏江阴人，江苏省江阴市华西村原党委书记。1989 年、1995 年全国劳动模范。20 世纪 70 年代造田、80 年代造厂、90 年代造城，21 世纪腾飞，他率领华西村完成农村城镇化、现代化的跨越，发展成为人人羡慕的“中国第一村”。这位奋斗了 48 年的“村官”用行动诠释信仰，书写下“农民、社会主义、共同富裕”的中国传奇。

李双良

(1923—2018)

当代愚公

中共党员，山西忻州人，原太原钢铁（集团）公司渣场顾问。1989 年、1995 年全国劳动模范。愚公挖山，他也挖山；愚公挖的是太行、王屋两座山，他挖的是钢渣、煤矸石两座山。他搬走了渣山，搬来了金山，为国家腾出了几万亩土地，回收废钢铁 130.9 万吨，创造收入 3 亿多元，获得联合国环境保护组织颁发的“全球 500 佳”金质奖章。

张瑞敏

（1949—）

中国制造的亮丽名片

中共党员，山东莱州人，海尔集团创始人。1989 年全国劳动模范。他带领海尔从一家濒临倒闭的集体小厂发展成为全球知名的跨国集团，创立“日事日毕、日清日高”OEC 管理法和“人单合一”模式，实现了我国企业管理从学习模仿到引领世界的突破。

谢　晋

（1923—2008）

人民电影艺术家

中共党员，浙江绍兴人，原上海电影（集团）有限公司导演。1989 年全国劳动模范。1981 年开始的四年时间里，他凭借《天云山传奇》《牧马人》和《芙蓉镇》，成为助推思想解放的前行者。他始终贯彻党的文艺方针，坚持艺术创作与时代发展同步，特别关注民族命运，“因为最后的审片者是历史、时间和人民”。

鲁冠球

（1945—2017）

第一代乡镇企业改革家

中共党员，浙江杭州人，原万向集团公司董事局主席。1989 年全国劳动模范。改革开放初期，他以开拓者的胆识，主动与乡政府签订厂长个人风险承包合同，开了浙江企业承包改革的先河，带领万向集团从一个小作坊发展为第一个进入美国市场的中国汽车零部件企业。

徐　虎

（1950—）

“辛苦我一个，幸福千万家”

中共党员，上海市人，原上海西部企业（集团）有限公司水电工。1989 年、1995 年、2000 年、2005 年、2010 年全国劳动模范。20 世纪 90 年代，他在辖区挂出了 3 个“夜间水电急修特约报修箱”，义务为居民提供服务。这 3 个报修箱一挂就是 13 年，他开箱 3191 次，义务为居民修理 2155 处。8 个除夕夜，他都在居民家维修保养。人们记住了“徐虎信箱”，也记住了他这颗如金子般闪光的心。

秦振华

（1936—）

“张家港速度”的创造者

中共党员，江苏张家港人，江苏省张家港市委原书记。1993 年全国五一劳动奖章获得者。他大胆解放思想、勇于打破藩篱，抢抓机遇、奋力拼搏，推出一系列改革举措，推动张家港市经济社会跨越式发展，塑造了“团结拼搏、负重奋进、自加压力、敢于争先”的“张家港速度”，创下了28个“全国第一”。

王　选

(1937—2006)

“汉字激光照排之父”

江苏无锡人，中国科学院院士、中国工程院院士。1995 年全国先进工作者。告别铅与火，迎来光与电。他引领了汉字信息处理与印刷革命，用激光照排技术将汉字带入信息时代，成为中国自主创新和用高新技术改造传统行业的杰出典范，赢得了“当代毕昇”和“汉字激光照排之父”的美誉。

王启民

（1937— ）

“铁人精神”的传人

中共党员，浙江湖州人，原大庆油田有限责任公司总经理助理。1995 年全国先进工作者，2019 年“人民楷模”国家荣誉称号获得者。他为石油而生，用自己一生的奋斗为祖国建设“加油”。从 1960 年到大庆油田实习开始，他把美好的年华留在这片火热的土地，创新推出高效注水开采方法，主持油田高含水后期稳油控水项目研究，赢得了整个石油工业的尊重，成为“铁人精神”的忠实践行者。

孔繁森

（1944—1994）

一腔热血洒高原

中共党员，山东聊城人，西藏自治区阿里地委原书记。1995 年全国先进工作者。“青山处处埋忠骨，一腔热血洒高原。”他三次舍小家顾大家，奔赴世界屋脊西藏任职，用生命书写了共产党人立党为公、执政为民的伟大篇章，为党员领导干部树立了光辉榜样。

吴良镛

（1922—）

中国“人居环境科学”的创立者

中共党员，江苏南京人，清华大学教授，中国科学院院士、中国工程院院士。1995 年全国先进工作者。“读万卷书，行万里路，拜万人师，谋万家居”是他一生的追求。他创立人居环境科学，开展区域、城市、建筑、园林等规划设计研究与实践，建立了一套以人居环境建设为核心的空间规划设计方法和实践模式。

李雪健

（1954—）

德艺双馨的表演艺术家

中共党员，山东巨野人，中国国家话剧院一级演员。1995 年全国先进工作者。他把演艺事业的根牢牢扎在人民中间，始终与国家和时代同步，始终把生活和人民当成自己艺术创作的源泉。他塑造的焦裕禄、杨善洲等优秀共产党员形象，镌刻进了几代观众的记忆，成为弘扬主旋律、讴歌英雄模范的典型，发挥了重要的价值引领作用。

柳传志

（1944—）

信息产业的先行者

中共党员，江苏镇江人，原联想控股股份有限公司党委书记、董事长。1995 年全国劳动模范。作为改革开放第一代科技创业者和企业家的优秀代表，他于 1984 年创立联想公司，带动了民族信息技术企业的创新发展。他制定实施企业国际化发展战略，为我国企业“走出去”积累了宝贵经验。

郭凤莲

（1947—）

大寨“铁姑娘”

中共党员，山西昔阳人，山西省昔阳县大寨村原党总支书记、大寨集团董事长。1995 年全国劳动模范。“高山挡不住太阳，困难吓不倒英雄汉。”她 16 岁担任大寨铁姑娘队队长，创造了一个个农业奇迹。她顺应改革的浪潮，带领大寨二次创业，推进村办企业和第三产业的发展，实现了从村办小作坊到规模化、专业化、品牌化发展的跨越。

常香玉

（1923—2004）

“戏比天大”的豫剧表演艺术家

中共党员，河南巩义人，原河南省豫剧院院长。1995 年全国劳动模范。从旧时代的女艺人到新中国的豫剧表演艺术家，她走过的是一条无愧于党和人民的爱国之路。抗美援朝时期，她以演出收入捐献“香玉剧社号”战斗机一架。在 70 多年的艺术生涯里，她创立了独具特色的“常派”唱腔；在民族存亡的年代里，她贡献了一出报效国家的人生之戏。

倪润峰

(1944—)

企业“军转民”成功实践者

中共党员，山东荣成人，原四川长虹电子集团有限公司党委书记、董事长。1995 年全国劳动模范。他顺应时代潮流，勇于尝试与探索，科学地把军工技术、工艺、检测及质量控制手段移植到民品研发生产上，带领长虹率先成功探索出企业“军转民”道路，为中国彩电业走向世界奠定了良好基础。

智呼声

（1954—）

金融事业的“守护神”

中共党员，原中国农业银行内蒙古分行营业部保卫部经理。1995 年、2000 年、2005 年全国劳动模范。他从事农行保卫工作 30 年，加班 5 万小时，经手现金 9700 多亿元，管理调拨黄金 1000 多公斤，没多拿一分钱报酬，没出一点差错；做金库守押工作 25 年，他押运行程 200 多万公里。他像上满发条的闹钟，为内蒙古金融事业作出了重要贡献。

吴金印

(1942—)

乡镇党委书记的榜样

中共党员，河南卫辉人，河南省卫辉市唐庄镇党委原书记。1997 年全国五一劳动奖章获得者。他担任乡镇党委书记 40 多年，带领群众治水开洞、修筑大坝水库、营造良田、兴建林果园和蔬菜园、创办乡镇集体企业，把一穷二白的唐庄建设成了全国综合实力千强镇，被誉为“乡镇党委书记的榜样”。

胡小燕

（1974—）

从农民工到全国人大代表

中共党员，四川武胜人，广东省佛山市三水区总工会副主席。1998 年全国五一劳动奖章获得者。20 多年前，她坐了 38 个小时的火车来到佛山，成为陶瓷厂的一名锅炉工。她自强不息，成长为企业一线管理人员。她开设"海燕信箱"专栏为农民工维权，推广"小燕成长"职工学历提升计划。2008 年，她成为首位农民工全国人大代表。

王乐义

（1941—）

中国冬暖式蔬菜大棚的开创者

中共党员，山东寿光人，山东省寿光市三元朱村党支部书记。2000 年全国劳动模范。1989 年，他研制成功了深冬无须用煤炭而靠太阳能加温的冬暖式蔬菜大棚，亩产效益高达 3 万多元。他毫无保留地把技术传给千家万户，结束了我国北方冬季吃不上新鲜蔬菜的历史，创造了我国蔬菜生产领域的“绿色奇迹”。

冉绍之

（1953— ）

三峡移民安置模式的创造者

中共党员，重庆奉节人，重庆市奉节县移民局原副局长。2000 年全国先进工作者。作为一名长期工作在移民第一线的基层干部，他带领群众配套新建人畜饮水和灌溉蓄水工程，修建排水堰和移民公路，开发果园和耕地，成功探索出“江边一条路、路边一排房、房前工商业、房后种果粮”的三峡移民后靠安置模式。

李东生

(1957—)

中国智造先锋

中共党员，广东揭阳人，TCL 集团股份有限公司党委书记、董事长、首席执行官。2000 年全国劳动模范。从第一台按键免提电话到第一代大屏幕彩电，从制造到智造，从巨大到强大，他带领团队自主创新建成高世代面板线，实现了我国视像行业显示技术的历史性突破。由他主导的跨国并购，开了我国企业全球化经营的先河。

李 斌

（1960—2019）

精益求精的工人专家

中共党员，上海市人，原上海电气液压气动有限公司总工程师。2000 年、2005 年全国劳动模范。他把一生全部奉献给了中国液压气动制造业。他立足企业一线岗位，虚心好学，刻苦钻研，精通车、钳、铣、刨、磨全套加工技术，先后完成新产品开发 55 项，工艺攻关 201 项，加工工艺编程 1500 多条，自主设计刀具 184 把，改进工装夹具 82 副。

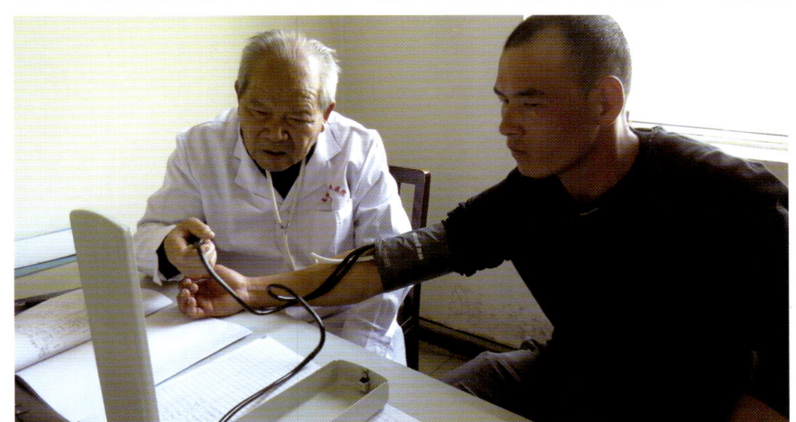

吴登云

（1941—）

帕米尔高原的“白衣圣人”

中共党员，江苏高邮人，新疆乌恰县政协原副主席、人民医院院长。2000 年全国先进工作者。他的足迹遍及全县 9 个乡的 30 多个自然村，先后为病人无偿献血 30 余次。为了抢救烧伤的婴儿，他割取了自己腿上的 13 块皮。他培养出一批批土生土长的柯尔克孜医生，为边疆人民的健康和边疆医疗事业的发展作出了突出贡献。

何享健

（1942—）

乡镇企业改革创新的先行者

中共党员，广东佛山人，美的控股有限公司董事长。2000 年全国劳动模范。1968 年，他带领 23 名村民集资 5000 元创办了一家塑料生产组。50 年后，小小的生产组变成了一个市值超过 3000 亿元的电器帝国。他敢闯敢试，使企业成为第一家由乡镇企业改组而成的上市公司，开了民营企业实行股权改制、股权激励、职业经理人改革的先河。

杨建华

（1953—）

中国压缩机机壳拼装第一人

中共党员，辽宁沈阳鼓风机（集团）有限公司工人。2000年全国劳动模范。他16岁进沈鼓集团，从学徒开始，铆工工作一干就是44年。1992年，他创造性推出“一四拼装法”，攻破了世界级技术难题。2008年，他主导研究成功并投入生产应用的“离心压缩机、鼓风机机壳拼装制造技术”获国家科学技术进步奖二等奖。

邱娥国

（1946—）

用心用情在街巷中执勤的好民警

中共党员，江西进贤人，江西省南昌市公安局特警支队原调研员。2000 年全国先进工作者。他 27 年累计行走超过 12 万公里，摸索总结出户籍民警“一图二诀三本四勤”和“串百家门，认百家人，知百家情，办百家事”工作法，参与侦破刑事案件 500 多起，是基层治理模式创新“先行者”。

赵国峰

（1955—）

懂技术会创新的煤矿工人

中共党员，开滦集团有限公司唐山矿业分公司工会原副主席。2000 年全国劳动模范。他于 1978 年入矿当采煤工，19 年间为国家多出煤 24 万多吨，创造效益 3000 万元。他连续攻克 9 个在特殊地质条件下的技术操作难题，创造 12 项先进操作法，大幅度提高了效率，降低了成本，确保了安全生产。

潘兰英

（1955—）

困难职工的贴心人

中共党员，湖北黄石人，黄石市总工会原生活保障部副部长，2000 年全国劳动模范。她模范践行为职工服务的宗旨，5 年走访 100 多家企业和 340 余户困难职工家庭，创办全国第一个以全国劳动模范命名的“潘兰英职工维权服务热线”，培训和帮助 3200 多名下岗失业人员和农民工实现就业。

许立荣

（1957—）

远洋运输体制改革先锋

中共党员，江苏盐城人，曾任中国远洋海运集团有限公司党组书记、董事长。2001 年全国五一劳动奖章获得者。他打造了我国第一个国家级水运交易市场，成功领导全球最大航运企业改革重组，策划指挥了中远集装箱货运体制改革，引领中国集装箱运输事业的发展。他一直致力于探索国际航运物流合作的新通道，积极落实“海上丝绸之路”建设任务，为“一带一路”建设提供有力保障。

任长霞

（1964—2004）

全国公安系统的“女警神”

中共党员，河南商丘人，河南省登封市公安局原党委书记、局长。2004 年全国五一劳动奖章获得者。她多次深入虎穴，化装侦查，解决 10 多年的控申积案，抓获 3200 多名犯罪嫌疑人，有力维护了社会治安稳定。2004 年 4 月 14 日，她在侦破“1·30”案件途中遭遇车祸因公殉职，年仅 40 岁。任长霞牺牲后，被追授“全国公安系统一级英雄模范”称号。

王有德

（1953—）

防沙治沙英雄

中共党员，宁夏灵武人，宁夏灵武白芨滩国家级自然保护区管理局原党委书记、局长。2005年全国先进工作者，2019年“人民楷模”国家荣誉称号获得者。他带领职工营造防风固沙林60万亩，探索形成“宽林带、多网络、多树种、高密度、乔灌混交”防沙治沙模式，有效阻止毛乌素沙漠的南移和西扩，为全国防沙治沙提供了宝贵经验。

王顺友

（1965—2021）

大山深处的信使

中共党员，四川凉山人，四川凉山彝族自治州木里藏族自治县马班邮路投递员。2005 年全国劳动模范。他 19 岁接替父亲成为邮递员，翻越海拔 5000 米的察尔瓦梁子，走进海拔 1000 米的雅砻江河谷，冬天一身雪，夏天一身泥。26 万公里高原跋涉，他没有延误过一个班期，没有丢失过一个邮件。

孔祥瑞

（1955—）

从普通工人成长为蓝领专家

中共党员，天津市人，原天津港（集团）有限公司煤码头分公司操作队队长。2005 年全国劳动模范。他扎根港口一线 40 多年，视岗位为课堂，把问题当课题，把死知识变成活知识，再把活知识变成真本事，练就“听音断病”绝活，创造“孔祥瑞操作法”，从初中文化的工人成长为“蓝领专家”和“门机大王”。

邓建军

（1969—）

“了不起的中国工人”

中共党员，江苏常州人，江苏黑牡丹（集团）股份有限公司技术总监。2005 年全国劳动模范。30 多年无悔奉献，“知识工人”邓建军从一位中专毕业的维修工成长为优秀技术工人的前行者，带领技术研发团队日臻奋进，托举起中国纺织产业的技术梦想，让外国技术专家发出“中国工人了不起”的赞叹。

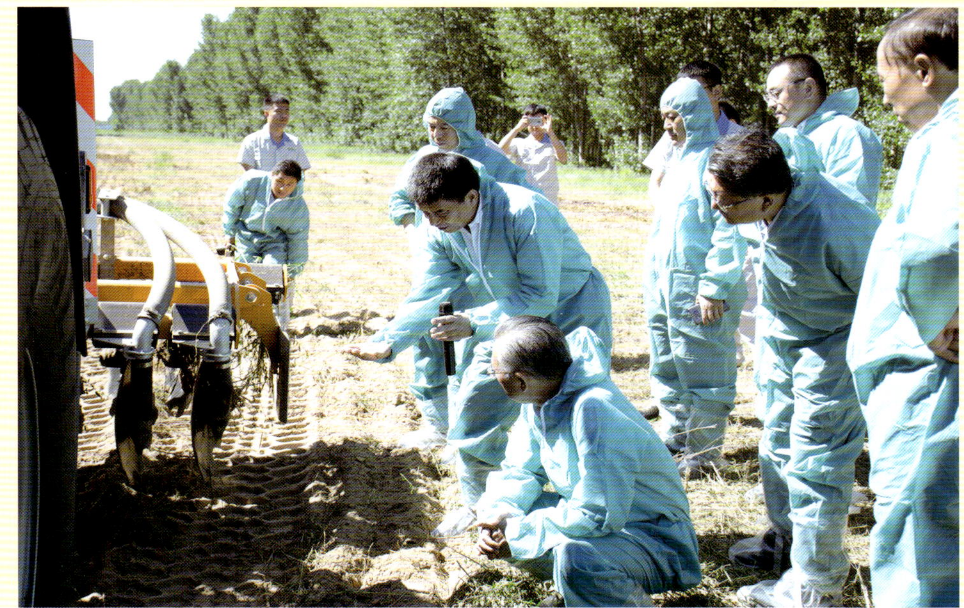

刘永好

(1951—)

饲料大王

四川新津人，新希望集团有限公司董事长、总裁。2005年全国劳动模范。他于1982年投身农业，成为改革开放后中国第一代民营企业家。1987年，他研制出第一款国产乳猪饲料，建立从农户到渠道的产业链新模式。“为耕者谋利，为食者造福，让中国农牧企业跻身世界农牧行业前列，就是新希望集团的‘新’希望。”

多　吉

（1952—）

守护天路的雪域之子

中共党员，西藏加查人，中国工程院院士，西藏自治区地质矿产勘查开发局高级工程师。2005 年全国劳动模范。他每年有一多半时间在野外第一线工作，其研究工作填补了我国高温地热成因机制领域空白，提出了变质核杂岩系中高温地热系统形成及热流体运移的新理论，为西藏地热资源勘查和开发、金矿资源调查作出了突出贡献。

许振超

（1950—）

打破世界纪录的金牌工人

中共党员，山东荣成人，原青岛前湾集装箱码头有限责任公司固机高级经理，中华全国总工会原副主席（兼）。2005 年全国劳动模范。他立足本职，争创一流，练就“一钩准”“一钩净”“无声响操作”的绝活，带出“王啸飞燕”“显新穿针”“刘洋神绳”等具有社会影响的工作品牌，带领团队先后六次打破集装箱装卸世界纪录。

张云泉

（1948—）

信访工作的“一号接待员”

中共党员，江苏南通人，江苏省信访局原巡视员。2005 年全国劳动模范。26 年来，他工作在“清水衙门”，处理着“机关第一难”，平均每年接待上访群众 2000 余人次，拆阅处理人民来信 2000 余封。他理解群众，谅解群众，耐心做工作，平息事态，无怨无悔，在群众信访领域作出突出贡献。

李保国

（1958—2016）

太行山上的“新愚公”

中共党员，河北武邑人，河北农业大学教授。2005 年全国先进工作者，2019 年“人民楷模”国家荣誉称号获得者。他取得成果 28 项，培育 16 个山区开发治理先进典型，带动 10 万山区农民增收 58.5 亿元，走出了经济社会生态效益同步提升的扶贫新路。他一生最得意的是“把我变成了农民，把农民变成了‘我’”。

陈刚毅

（1963—）

援藏楷模

中共党员，湖北咸宁人，湖北省交通设计院党委书记。2005 年全国劳动模范。他先后参加 17 个项目的建设，承担大量勘察设计、施工监理工作。在角笼坝大桥施工期间，他身患结肠癌，仍心系工作，以顽强的意志与病魔抗争，献身岗位，术后 7 次化疗，4 次进藏，仍出色完成工程建设任务。

茅永红

（1954—）

社区治理创新的探索者

中共党员，湖北武汉人，湖北省武汉市江岸区百步亭社区党委书记。2005 年全国先进工作者。他首创“建设、管理、服务”社区建设模式和“党的领导、政府服务、居民自治、市场运作”社区运行机制，“百步亭社区党建工作法”成为全国社区党建旗帜。

林毅夫

（1952— ）

经济体制改革理论的探索者

中国台湾宜兰人，北京大学教授，国务院参事，世界银行原高级副行长、首席经济学家。2005 年全国先进工作者。他创立并实践新结构经济学理论体系，丰富完善农业经济学理论，重新构建发展中国家制度安排和宏观经济理论，为我国经济学理论创新和经济体制改革推进作出重要贡献。

姚　明

（1980— ）

中国“篮球大使”

江苏吴江人，中国篮球协会主席。2005 年全国先进工作者。2002 年获得全国篮球职业联赛总冠军，并于同年成为美国职业篮球联赛第一位来自中国的选秀状元。他展现了当代中国运动健儿的形象，成为首位入选奈史密斯篮球名人堂的亚洲篮球运动员。

邓中翰

（1968—）

“中国芯”里的爱国情

江苏南京人，中国工程院院士，中星微集团创建人兼首席科学家。2005 年全国劳动模范。1999 年“星光中国芯工程”启动实施，邓中翰带领团队成功地开发出中国第一个超大规模集成电路“星光中国芯”数字多媒体芯片并打入国际市场。在 2021 年建党 100 周年之际，“星光中国芯”被中国共产党历史展览馆作为自主创新成果展出。

樊锦诗
（1938— ）

敦煌女儿

中共党员，浙江杭州人，敦煌研究院名誉院长、研究馆员。2005 年全国先进工作者，2019 年“文物保护杰出贡献者”国家荣誉称号获得者。她被誉为“敦煌女儿”，完成敦煌莫高窟北朝、隋、唐代前期和中期洞窟的分期断代，探索形成石窟科学保护的理论与方法，成为最著名的莫高窟守护人，成为中国文物有效保护的杰出代表。

孟二冬

（1957—2006）

倾力育桃李的不灭烛光

中共党员，安徽宿州人，原北京大学中文系教授。2006 年全国五一劳动奖章获得者。他淡泊名利，治学严谨，勇攀学术高峰，撰写了 400 多万字著作，获得多个重要奖项。为支援新疆高等教育事业的发展，他主动要求参加了北京大学对口支援石河子大学教学的工作。直到确诊癌症前夕，他还在剧烈的咳嗽声中坚守在讲台上。

宋鱼水

（1966—）

人民的好法官

中共党员，山东蓬莱人，北京知识产权法院党组成员、副院长兼政治部主任。2008 年全国五一劳动奖章获得者。1989 年至今，她公正高效地审理各类民商事案件 1200 余件，创造了一套适合国情、最大限度化解纠纷的办案方法，被誉为“辨法析理，胜败皆服”的好法官。在当事人眼中，她的名字就意味着司法的公正。

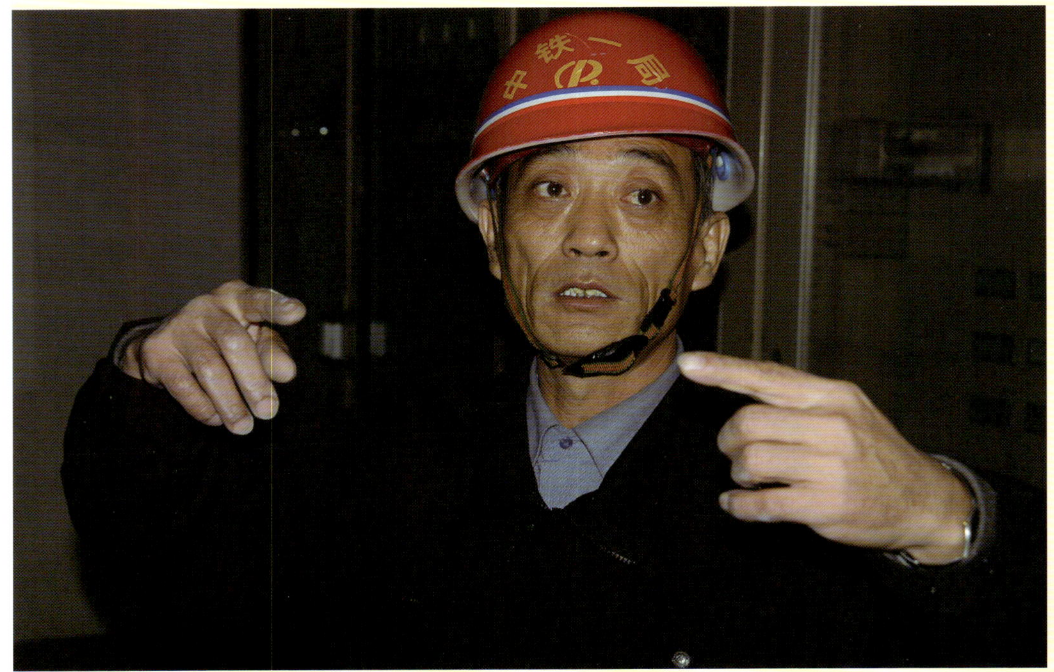

窦铁成

（1956—）

中国工人“铁魂”的铸就者

中共党员，陕西蒲城人，原中国中铁一局电务公司电力高级技师。2008 年全国五一劳动奖章获得者。他坚持走自学成才、岗位成才之路，累计写下 90 余本、200 多万字的学习笔记。他从一名只有初中文化的普通工人成长为技术专家，解决现场施工技术难题 69 项，获得国家专利 2 项，为企业节约费用 1800 余万元。

王康健

(1956—)

从普通工人成长为冷轧技能专家

中共党员，宝钢股份公司宝钢分公司冷轧厂技能专家。2009 年全国五一劳动奖章获得者。从一名技校毕业生到获得国家科学技术进步奖一等奖，在他和同事的努力下，我国结束易拉罐钢完全依赖进口的历史，将易拉罐原料钢材厚度从最初的 0.28 毫米减薄到 0.22 毫米，每罐可乐包装成本降低至不到 3 角钱。

布茹玛汗・毛勒朵

（1942—）

边境线上的“冬古拉玛妈妈”

中共党员，新疆乌恰人，新疆维吾尔自治区乌恰县吉根乡护边员。2009 年全国五一劳动奖章获得者，2019 年“人民楷模”国家荣誉称号获得者。她 50 多年如一日，在新疆冬古拉玛山口海拔 4290 米的冰川与大山之间巡边护边，记不清救治过多少冻伤、摔伤、被困暴风雪的“兵娃”，守边官兵们都亲切地叫她“冬古拉玛妈妈”。

秦　怡

（1922—2022）

永远充满激情的人民艺术家

中共党员，上海市人，上海电影集团有限公司艺委会顾问、一级演员。2009年全国五一劳动奖章获得者，2019年“人民艺术家”国家荣誉称号获得者。在银幕上，她是义无反顾投身革命的芳林嫂，是慷慨赴死的女战士林红。作为人民艺术家，她美丽而斑斓的艺术人生，永远充满激情，她一直践行着文艺为社会主义服务、以人民为中心的使命与担当。

代旭升

（1955— ）

工人发明家

中共党员，山东青岛人，胜利油田东辛采油厂采油高级技师、胜利油田首席技能大师。2010年全国劳动模范。他扎根油田一线45年，从一名初中生成长为专业技能拔尖人才，自主完成技术创新成果96项。他研制的“移动式套管气回收装置”获2008年度国家科学技术进步奖二等奖，被誉为“工人发明家”。

许杏桃

(1967—)

电力科技创新的先锋

中共党员，江苏兴化人，国家电网江苏安方电力科技有限公司副总经理兼技术总监。2010 年全国劳动模范。他扎根电力生产一线 30 多年，在电网节能降耗、电压稳定和电能污染治理等领域持续创新实践，开发出“供电网无功电压优化运行集中控制系统”，从根本上改变了我国电网传统的无功电压控制方式，荣获国家科学技术进步奖二等奖。

赵林源

（1954— ）

机械密封大王

中共党员，辽宁抚顺人，原中国石油东北炼化工程有限公司抚顺工程建设分公司三公司维修车间密封班班长。2010 年全国劳动模范。他通过自学由一名普通钳工成长为大名鼎鼎的密封技改专家和管理专家，撰写了三部专业技术书籍。他自己设计、制造密封件，对全厂进口和国产设备进行了技术改造，为企业节省上亿元资金。2008 年，他凭借“机械密封技术改造”项目荣获国家科学技术进步奖二等奖。

郭明义

（1958—）

雷锋精神的传承者、光大者

中共党员，辽宁鞍山人，鞍钢矿业集团有限公司齐大山铁矿生产技术室业务主管，中华全国总工会副主席（兼）。2010 年全国五一劳动奖章获得者。他以雷锋为榜样，几十年如一日敬业爱岗、无私奉献，累计义务献工 2.1 万余个小时，捐款 54 万多元，资助贫困学生 300 多名，无偿献血 7 万多毫升，影响带动了 230 多万人加入郭明义爱心团队，广泛掀起了“跟着郭明义学雷锋”的热潮。

郭晋龙

（1957—）

钢轨焊接设备维修的工人专家

中共党员，河北清河人，中国铁路呼和浩特局集团有限公司焊轨段高级技师。2010 年全国劳动模范。凭借勇于创新的精神和永不服输的劲头，他从一名只有初中学历、连一张简单电路图都看不懂的维修工，成长为电气设备维修方面的行家里手、工人技术专家、全国铁路首席技师。2010 年，他研发的“钢轨焊缝双频正火设备及工艺”荣获国家科学技术进步奖二等奖。

叶　聪

（1979—）

中国载人深潜事业的开拓者

中共党员，湖北黄陂人，中国船舶重工集团有限公司第七〇二研究所副所长、水下工程研究开发部主任。2011 年全国五一劳动奖章获得者。他长期从事载人潜水器的研发工作，将我国自主研制的第一台载人潜水器“蛟龙号”从图纸变为现实。他主动肩负起试航员的重担，最大下潜深度达到 7062 米，成为中国载人深潜领域潜航员专业的开拓者。

走向復興

中国特色社会主义新时代

中国特色社会主义进入新时代，中国共产党团结带领中国人民迎来了中华民族从站起来、富起来到强起来的伟大飞跃，迎来了实现中华民族伟大复兴的光明前景。

以习近平同志为核心的党中央十分关心劳模和劳模工作，作出一系列决策部署，为做好新时代劳模工作提供了根本遵循、指明了前进方向。

“知识型、技能型、创新型”成为新时代劳动模范的鲜明特点，他们把劳模精神、劳动精神、工匠精神融为一体，谱写了“中国梦·劳动美”的新篇章。

2012年11月，党的十八大开启了中国特色社会主义新时代。在新思想开启的新征程上，国家的现代化与民族的复兴成为前后相续的目标，几代共产党人开辟的中国道路，在这一进程中不断向前。天眼探空、蛟龙探海、神舟飞天、高铁奔驰、北斗组网，极大地焕发出中国工人阶级奋发进取的激情。在新时代的伟大进程中，各行各业的劳动模范在平凡的岗位上辛勤耕耘，创新劳作，用智慧和汗水营造了劳动光荣、知识崇高、人才宝贵、创造伟大的社会风尚，谱写了“中国梦·劳动美”的华丽篇章。

2013年4月28日，习近平总书记来到全国总工会机关，看望全国各条战线、各行各业、各个时期的劳动模范代表，并召开座谈会，与大家同庆“五一”节，共话中国梦。习近平总书记亲切地对劳模们说：“看到大家，对劳模肃然起敬，尊重知识、尊重劳动的情怀油然而生。”正是在这次座谈会上，习近平总书记留下了那句广泛传播的名言——“幸福不会从天而降，梦想不会自动成真。”党的十八大以来，以习近平同志为核心的党中央高度重视工人阶级和工会工作。习近平总书记多次出席劳动者活动，同普通工人谈心，给劳模回信，为劳动者鼓劲，展现了大国领袖同劳动群众面对面、心贴心、实打实的深情厚谊。

这是一张人们非常熟悉的朴实面孔。2015年，他在经历了28年铁路建设施工以后，成为全国劳动模范。他的名字，就是巨晓林。1979年，巨晓林高考落榜，在家务农。8年以后，他成为铁路工地上的一位农民工。密布的电杆和接触网，犹如天书的图纸和设计书，没有难住有着坚定信念的巨晓林。他先后写下70多本工作笔记，230多万字的钻研心得，最终成为“工人专家”。2016年1月，中国工会改革创新的浪潮，把54岁的巨晓林推上历史的前台，以农民工身份当选全国总工会兼职副主席。巨晓林当选那天，他正在参加北京市人大会议。丰台区代表团的讨论会上，他被会议主持人请到最中间的位置。又一个劳动模范的高光时刻，彰显出党和国家对于劳动的尊重。

2019年，黄金娟的胸前挂上了金光闪闪的全国五一劳动奖章。黄金娟是第一位获得国家科学技术进步奖的女性技术工人。她牵头研制的世界上第一条电能表自动化检定流水线，整体效率提升58倍，人员精减90%以上，检定可靠性达到100%。此时，2017年出台的《新时期产业工人队伍建设改革方案》正在全面推进，大国工匠成为最受社会追捧的优秀劳动者，技术工人迎来了属于自己的春天。

2020年11月，人民大会堂星光灿烂，一批获得国家科学技术进步奖的优秀技术工人，联袂亮相全国劳模表彰大会。这些技盖中华的大国工匠，在用科技创新的力量托起国之重器，在实现伟大梦想的航程上奋楫扬帆。

和巨晓林同时当选全国总工会兼职副主席的，还有被网民尊称为“火箭心脏焊接第一人”的高凤林。1996年，34岁的高凤林获得国家科学技术进步奖二等奖。3年以后，他受邀在中央电视台《实话实说》特别节目亮相，声名大振，崇拜的观众把他围在北京的街头。2006年，丁肇中教授主持的世界反物质探测器项目，受困于低温超导磁铁的制造。高凤林出手相助，难题迎刃而解。长征五号运载火箭的氢氧发动机，都在他的手中诞生。中国发射的火箭，由他焊接过“心脏”的占到了三分之一。当选为全国总工会兼职副主席，高凤林又在中国工会和技术工人之间，焊接出最紧密的连心桥。

巨晓林和高凤林，都是2015年评选出的全国劳动模范。这一年，2064名全国劳动模范和904名全国先进工作者在北京接受了中共中央、国务院的表彰。上一次这样高规格的表彰，已经是36年以前的事情。在以习近平同志为核心的党中央亲切关怀下，一系列国家荣誉管理法规的出台和专门机构的设立，都显示出中国的劳模表彰制度正在持续完善。

2019年国家科学技术进步奖获得者何光华，被称为电缆技术的“女掌门”，先后主持17个科技项目，获得42项国家专利，累计创造经济效益10.8亿元。“何其灼灼，因为光华。”人们用这样的赞誉，表达对这位大国工匠的尊崇和敬佩。

2018年国家科学技术进步奖获得者罗昭强，打造了中国高铁的“金名片”，他领衔研发的一套整车调试模拟实训装置，实现了工人创新成果销售到海外市场的新突破。如今，无论是高速动车组还是城市地铁，罗昭强的发明创造都是离不开的“鬼斧神工”。他还把传授技艺的课堂开到了波士顿，在美国地铁工人中刮起了一股中国风。

2017年国家科学技术进步奖获得者洪家光，解决的是航空发动机自主研制的关键技术难题，被称为“新时代第一车工”。

2020年国家科学技术进步奖获得者潘从明，练就的则是一双“火眼”，仅凭观察溶液颜色，就能够准确判断出稀有贵金属分子。

这是新时代劳模的显著特点，很多人都是国家科技进步奖的获得者，争创一流、勇于创新是他们身上的巨大闪光点。他们和遍布各个行业的大国工匠一道，支撑着中国制造和中国创造，推动着经济高质量发展，用弘扬精益求精的工匠精神，激励着亿万劳动者走上技能成才、技能报国之路。

被称为“燃灯校长”的张桂梅，扎根边疆教育40余年，帮助2000多名女孩圆梦大学，阻断了贫困的代际传递。张桂梅的学校有这样一段誓词——“我生来就是高山而非溪流，我欲于群峰之巅俯视平庸的沟壑”。其实，这也是张桂梅所代表的劳动模范的精神世界。

那些最璀璨的星，始终被共和国记得。此次入选百年劳模展的劳模人物中，有6位是“共和国勋章”获得者。栉风沐雨，开创伟业。从袁隆平、申纪兰、于敏到黄旭华、屠呦呦、钟南山，每一个名字都是一段劳动的传奇。“此生属于祖国，此生无怨无悔”，这是他们共同的心声。如今，于敏、申纪兰、袁隆平永远离开了我们，黄旭华、屠呦呦和钟南山也已经两鬓染霜。但是，时间不会冲淡他们的卓著功绩，历史将他们的名字深刻铭记在共和国的丰碑上。

杂交水稻之父袁隆平，1978年、1979年和1989年3次当选全国劳动模范。袁隆平还是一个乡村教师的时候，充满着颠覆世界权威的雄心。然而，当他名满天下的时候，却成为专注田畴、淡泊名利的“一介农夫”，播撒智慧，收获富足。袁隆平的毕生梦想，就是让所有的人远离饥饿。人们用这样的诗谣赞美这位老者——喜看稻菽千重浪，最是风流袁隆平。

中国民主制度的见证人申纪兰，1979 年、1989 年、1995 年 3 次当选全国劳动模范。1954 年 9 月，申纪兰在第一届全国人民代表大会上，郑重提出“男女同工同酬”的倡议，后被写进了中华人民共和国宪法。申纪兰是中国唯一一位连任十三届的全国人大代表，她对党忠诚、执着为民、甘于奉献、改革创新的精神，深深感染着一代代人。

中国“氢弹之父”于敏，1987 年当选全国劳动模范。1961 年，34 岁的于敏听从祖国召唤，投身核武器研制事业，工作从此成为生命的全部。做隐姓埋名人、干惊天动地事。于敏在核物理、中子物理方面取得的重要研究成果，为中国实现氢弹原理的突破发挥了关键作用。

中国核潜艇之父黄旭华，1989 年当选全国先进工作者。在执行核潜艇研制任务前，黄旭华于 1957 年元旦回到阔别许久的老家。63 岁的母亲再三嘱咐道：“工作稳定了，要常回家看看。”但是，此后 30 年时间，他的家人都不知道他在做什么，父亲直到去世也未能再见他一面。在这漫长的 30 年间，黄旭华成为当时世界上核潜艇总设计师亲自下水做深潜实验的第一人。正是凭着这样的奉献精神，黄旭华和团队于 1970 年研制出我国第一艘核潜艇。“核潜艇一万年也要搞出来”的伟大誓言，新中国用了不到一代人的时间就实现了……

中国首位诺贝尔生理学或医学奖获得者屠呦呦，1995 年当选全国劳动模范。一株济世草，一颗报国心。85 岁的时候，屠呦呦凭借青蒿素的发现，解决了抗疟治疗失效的难题，获得了诺贝尔生理学或医学奖。在感动中国人物的颁奖典礼上，关于屠呦呦的颁奖词洋溢着绵延传承的中国文化——青蒿一握，水二升，浸渍了千多年，直到你出现。为了一个使命，执着于千百次实验。萃取出古老文化的精华，深深植入当代世界，帮人类渡过一劫。“呦呦鹿鸣，食野之蒿。我有嘉宾，德音孔昭。”

大医精诚写大爱的钟南山，1995 年和 2003 年两次当选全国先进工作者。我们都会记住那张撼动人心的图片，钟南山坐在前往武汉的高铁餐车里，一脸倦容，眉头紧锁，紧急奔赴最危险的新冠肺炎疫情第一线。妙手丹心的医生，勇猛无惧的战士。2003 年的“非典”疫情，钟南山留下的名言是“把最危重的病人转到我这儿来”。17 年后，84 岁的他再一次慨然出征，“医生就是战士，我们不冲上去谁冲上去？”

中国共产党成立以来，共评选出 3 万多名劳模，他们如历史长河中的璀璨群星，熠熠生辉，引领中国工人阶级坚定不移听党话、跟党走。中国特色社会主义进入新时代，新时代赋予工人阶级新使命。光荣属于劳动者，幸福属于劳动者。让我们更加紧密地团结在以习近平同志为核心的党中央周围，勤于创造、勇于奋斗，努力在全面建设社会主义现代化国家新征程上，乘风破浪、扬帆远航，创造新的时代辉煌，铸就新的历史伟业！

（李瑾 / 执笔）

罗 阳

（1961—2012）

航空报国的生命见证

中共党员，辽宁沈阳人，原航空工业沈阳飞机工业（集团）有限公司党委副书记、董事长、总经理。2012 年全国五一劳动奖章获得者。他研发设计飞机 20 年，制造生产飞机 10 年，推动多项国家重点工程快速研制成功，创造过 4 天实现两个重点型号飞机成功首飞的奇迹。

高　森

（1970—）

研制和操控机器人清障高压线的高级技师

中共党员，国家电网山东省电力公司检修公司淄博分部输电运维专工、高级技师。2012 年全国五一劳动奖章获得者。2011 年，他研制出第四代“架空线路清障检测机器人”，可以代替人工在高压线路上巡视、检测、清障，并通过安装在上面的“千里眼”，与地面工作人员开展人机对话。这项技术荣获国家科学技术进步奖二等奖。

马善祥

（1955— ）

优秀的人民调解员

中共党员，四川隆昌人，重庆市江北区观音桥街道人民调解委员会“老马工作室”负责人。2015 年全国先进工作者。他从事人民调解工作近 30 年，记下 152 本、520 多万字工作笔记，为群众解决 2000 多件矛盾纠纷，为构筑维护社会和谐稳定“第一道防线”作出了突出贡献。

王　进

（1979—）

特高压带电作业的第一人

中共党员，山东济宁人，国家电网山东省电力公司检修公司输电检修中心带电班副班长、高级技师。2015 年全国劳动模范。他成功完成了世界首条 ±660 千伏输电线路工程的带电检修工作，为社会节省电量 1000 万千瓦时。他领衔的创新成果达到国际领先水平，相关技术及应用荣获国家科学技术进步奖二等奖。

巨晓林

（1962—）

知识型职工的优秀代表

中共党员，陕西岐山人，中铁电气化局集团一公司技术员，中华全国总工会副主席（兼）。2015年全国劳动模范。他先后参加大秦线、京郑线、哈大线、京沪高铁等10多项国家铁路重点工程建设，创新施工方法114项，从一名普通农民工成长为知识型工人，是知识型职工的优秀代表。

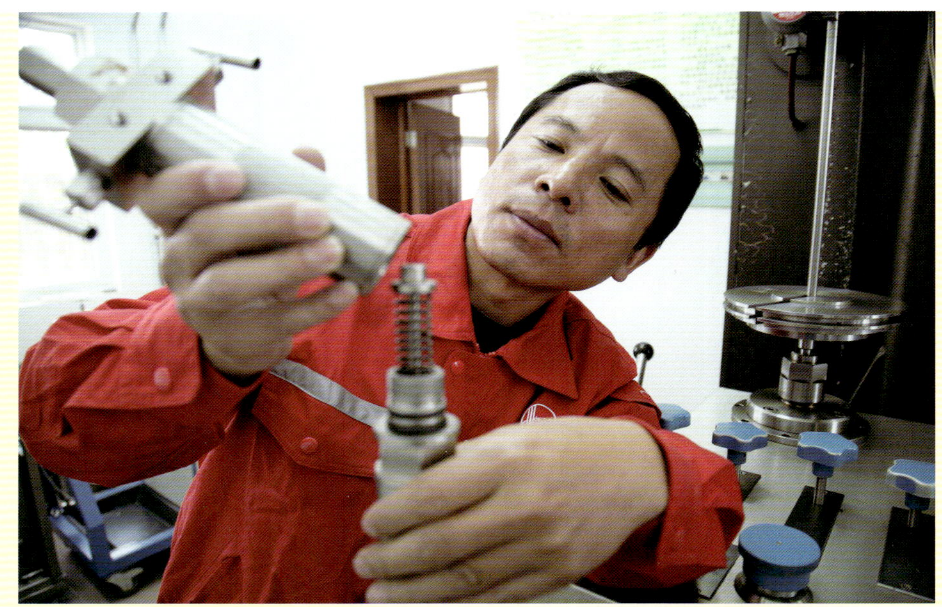

田　明

（1965—）

油井作业的“技术总监”

中共党员，中石化江苏油田分公司井下作业工。2015 年全国劳动模范。他从事井下作业 30 多年，用一项项技术创新解决世界性难题、打破国外技术垄断，助力我国石油事业发展。他完成的“试油测试技术的创新与应用”项目，荣获 2014 年度国家科学技术进步奖二等奖。

白伟东

（1970—）

从木匠到大国工匠

中共党员，黑龙江漠河人，大兴安岭神州北极木业有限公司设计部部长。2015 年全国劳动模范。凭借对机械原理的痴迷、对树木型材的喜爱，他实现了从一名小木匠到大国工匠的成功蜕变。历时 7 年，由他独立主持完成的“异形承载木梁拼板制造技术与应用”项目，获得 2015 年度国家科学技术进步奖二等奖。

齐嵩宇

（1974—）

汽车行业的“当代发明家”

中共党员，吉林长春人，中国第一汽车股份公司红旗工厂制造技术处外网维修工段电工高级技师。2015 年全国劳动模范。他自学本科，立足岗位成才，成为中国一汽红旗工厂的核心技术人才。他研发的“电阻点焊工艺质量自动监控技术”荣获 2011 年度国家科学技术进步奖二等奖和中国发明创业特等奖，他也被授予“中国当代发明家”称号。

张黎明

（1969—）

守护万家灯火的“光明使者”

中共党员，河北沧县人，国家电网天津市电力公司滨海供电分公司配电抢修班班长。2015 年全国劳动模范。他坚持在条件艰苦的配电抢修一线奋战 30 余年，累计巡线 8 万公里，用爱和真诚搭起服务百姓的“连心桥”。他恪守工匠精神，传承创新，专注钻研，带领团队为公司创造直接经济效益近 10 亿元，成为感动城市的“光明使者”。

高凤林

(1962—)

火箭“心脏”的焊接人

中共党员，河北东光人，首都航天机械有限公司高凤林班组组长、中华全国总工会副主席（兼）。2015 年全国劳动模范。他几十年如一日，先后为 90 多发火箭焊接过“心脏”，占我国火箭发射总数近四成，并先后攻克了航天焊接难关 200 多项，包括为 16 个国家和地区参与的国际项目攻坚。2014 年，他携 3 项成果参加德国纽伦堡国际发明展，全部摘得金奖。

黄金娟

（1964—）

电力计量一线的“铿锵玫瑰”

中共党员，国家电网浙江省电力有限公司计量中心高级技师。2019 年全国五一劳动奖章获得者。她牵头成功研制世界上首条电能表自动化检定流水线，实现电能表检定由人工向智能自动化作业的跨越式发展，整体效率提升 58 倍，检定可靠性达 100%。2017 年获得国家科学技术进步奖二等奖，是工人农民技术创新组首位获奖女工。

王曙群

（1970—）

完美缔造“太空之吻”

中共党员，上海航天设备制造总厂有限公司班组长。2020 年全国劳动模范。他和团队研制装调的对接机构历经 7 次飞行试验考核，圆满完成 13 次交会对接试验任务，自主研发技术已达 99% 以上。作为国内唯一的载人航天对接机构总装组组长，他可以在太空中将两个航天器对接起来形成一个“组合航天器”。

朱洪斌

（1966—）

电气设备的顶级“验血师”

国家电网江苏电力公司电力科学研究院技术主管、高级技师。2020 年全国劳动模范。非化学专业出身的他，向着进一步提升油气试验能力的目标不断努力，实现电力用油、气常规分析项目的全覆盖。2016 年，他带领团队开发的“变压器潜伏性缺陷的油中气体检测技术及应用”项目，获得国家科学技术进步奖二等奖。

何光华

（1978—）

电缆技术的“女掌门”

中共党员，国家电网江苏电力公司无锡供电公司广盈电缆公司副经理。2020 年全国劳动模范。扎根电力电缆施工及运维一线 20 多年，她带领团队完成电缆施工的整套技术革新。她研制的“高落差高压电缆线路无损施工技术创新及应用”项目，获得 2019 年度国家科学技术进步奖二等奖。

拉齐尼·巴依卡

（1979—2021）

接力护边的“帕米尔雄鹰”

中共党员，新疆维吾尔自治区喀什地区塔什库尔干塔吉克自治县提孜那甫乡牧民护边员。2020 年全国劳动模范。在巡边路上，他总是走在最前面，用勇敢、经验和智慧帮助边防官兵化险为夷。2021 年 1 月 4 日，他为救落入冰窟的儿童不幸遇难，年仅 41 岁。

罗昭强

（1972—）

打造中国高铁的“金名片”

中共党员，黑龙江呼兰人，中车长春轨道客车股份有限公司高速动车组调试高级技师、中车首席技能大师。2020 年全国劳动模范。他领衔研发了一套整车调试模拟实训装置，成为业界首屈一指的“高铁调试大师”。他完成的“高速列车整车调试环境模拟技术及应用”项目，荣获国家科学技术进步奖二等奖。

洪家光

（1979— ）

新时代第一车工

中共党员，辽宁沈阳人，中国航发沈阳黎明航空发动机（集团）有限责任公司首席技能专家。2020年全国劳动模范。他20年磨一剑，带领团队自主研发出航空发动机叶片磨削用的高精度金刚石滚轮工具制造技术，助推航空发动机自主研制的技术进步，荣获国家科学技术进步奖二等奖，被誉为“新时代第一车工”。

潘从明

(1970—)

“火眼”辨识贵金属

中共党员，甘肃民勤人，金川集团铜业有限公司贵金属冶炼分厂提纯班班长、高级技师。2020 年全国劳动模范。他不仅能从铜镍冶炼“废渣”中提取纯度达 99.99% 的 8 种稀贵金属，还能仅凭溶液颜色就准确判断出稀有贵金属分子。他和团队成功研发了镍阳极泥中铂钯铑铱绿色高效提取技术，荣获国家科学技术进步奖二等奖。

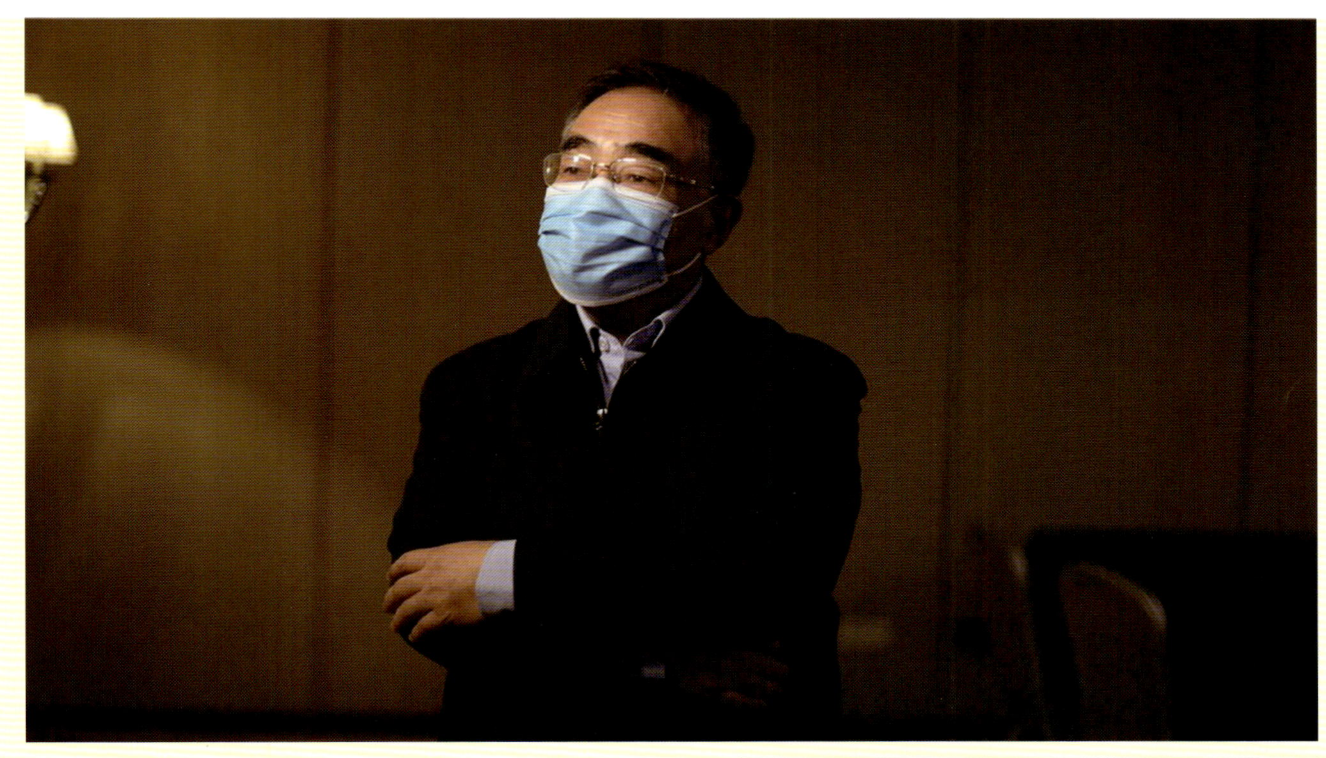

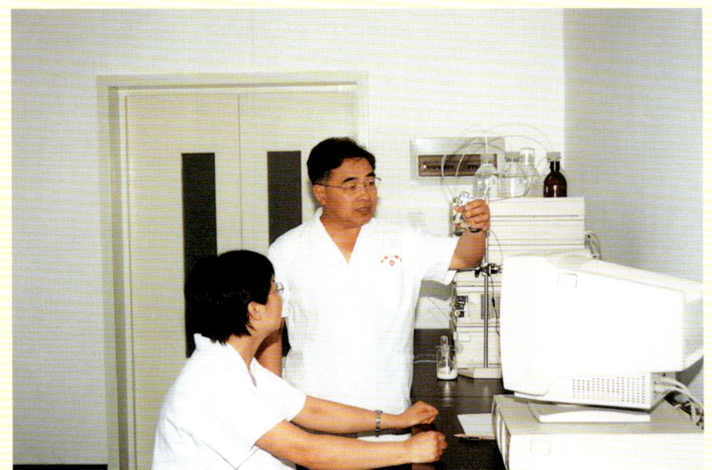

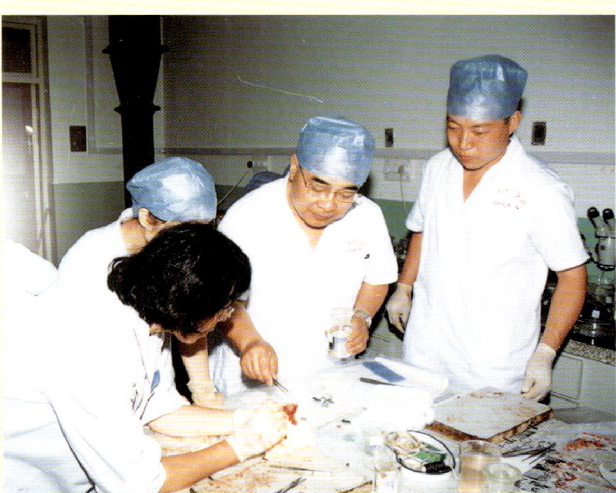

张伯礼

（1948—）

中医药科技创新的领军人

中共党员，河北宁晋人，天津中医药大学名誉校长，中国工程院院士。2005 年全国先进工作者，2020 年“人民英雄”国家荣誉称号获得者。他致力于中医药现代化研究，奠定了中医素质教育和国际教育的标准化工作基础。新冠肺炎疫情发生后，他主持研究制定中西医结合救治方案，取得显著成效，为疫情防控作出重大贡献。

赵亚夫

（1941—）

脱贫攻坚的时代楷模

中共党员，江苏常州人，江苏省句容市天王镇戴庄有机农业专业合作社研究员。2010 年全国劳动模范，2021 年“全国脱贫攻坚楷模”荣誉称号获得者。他扎根农村，开辟了一条通过科技兴农、以农富农，建设“农民共同富裕、农业生态高效、农村可持续发展”的新型农村小康社会之路，带领数十万老区农民实现了“小康梦”。

黄文秀

（1989—2019）

永不凋零的“扶贫之花”

中共党员，广西壮族自治区百色市委宣传部派驻乐业县新化镇百坭村第一书记。2019 年被追授全国五一劳动奖章，2021 年“全国脱贫攻坚楷模”荣誉称号获得者，2021 年“七一勋章”获得者。她主动请缨到贫困村担任驻村第一书记，组织村民大力发展产业，带动全村实现整体脱贫。她用年轻生命和赤子之心，谱写了一曲壮美的青春之歌。

张桂梅

（1957— ）

“燃灯校长”

中共党员，辽宁岫岩人，云南省丽江市华坪女子高级中学党支部书记、校长。2000 年全国先进工作者，2004 年全国五一劳动奖章获得者，2021 年“全国脱贫攻坚楷模”荣誉称号获得者，2021 年“七一勋章”获得者。她扎根边疆教育 40 余年，推动建成华坪女子高级中学——全国第一所全免费女高，帮助 2000 多名女孩圆梦大学。“我生来就是高山而非溪流，我欲于群峰之巅俯视平庸的沟壑。”华坪女高誓词就是她的全部精神世界。

廷·巴特尔

(1955—)

扎根草原的“将门虎子”

中共党员，内蒙古呼和浩特人，内蒙古自治区锡林郭勒盟阿巴嘎旗萨如拉图雅嘎查党支部原书记。2005 年全国劳动模范，2021 年“七一勋章”获得者。1974 年从呼和浩特市到萨如拉图雅嘎查下乡，他不断探索草原生态保护与经济发展结合点，带领牧民划区轮牧、调整畜群结构，精细化、科学化养殖，实现生态保护与牧民增收双赢。

袁隆平

（1930—2021）

杂交水稻之父

江西德安人，中国工程院院士，国家杂交水稻工程技术研究中心主任。1978 年、1979 年、1989 年全国劳动模范，2019 年“共和国勋章”获得者。他一生致力于杂交水稻技术的研究、应用与推广。他培育的杂交水稻被西方称为“东方魔稻”，被推广到全世界 20 多个国家和地区，不仅为解决中国人的温饱和保障国家粮食安全作出了杰出贡献，更推动了世界和平与社会进步。

申纪兰

（1929—2020）

人民代表大会制度的见证人

中共党员，山西平顺人，山西省平顺县西沟村党总支副书记。1979 年、1989 年、1995 年全国劳动模范，2019 年“共和国勋章”获得者。她从 25 岁开始当选全国人大代表，是唯一一位连任十三届的代表，见证了人民代表大会制度的诞生与发展，倡导并推动“男女同工同酬”写入宪法。她始终立足脚下土地，用朴素的一生践行着爱党爱国的信仰。

于　敏

（1926—2019）

中国“氢弹之父”

中共党员，天津宁河人，著名核物理学家，中国科学院院士。1987 年全国劳动模范，2019 年“共和国勋章”获得者。1961 年，34 岁的他听从祖国召唤，积极投身我国核武器研制事业。他隐姓埋名 20 多年，在核物理、中子物理等方面取得多项重要研究成果，在中国氢弹原理突破中起了关键作用，被称为中国“氢弹之父”。

黄旭华

（1926—）

中国“核潜艇之父”

中共党员，广东揭阳人，中国工程院院士，中国船舶重工集团七一九所名誉所长。1989 年全国先进工作者，2019 年“共和国勋章”获得者。“苦干惊天动地事，甘当隐姓埋名人。”他用默默无闻、无怨无悔的毕生奋斗，为我国核潜艇事业作出卓越贡献，让茫茫海疆有了中国的“钢铁蛟龙”。在某次深潜试验中，他置个人安危于不顾，作为总设计师亲自随产品深潜到极限。

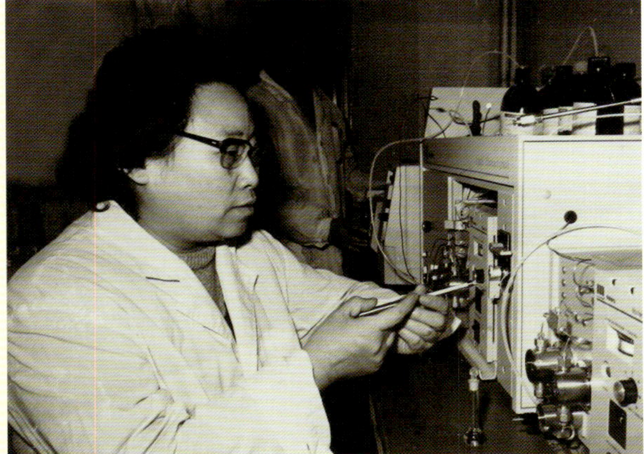

屠呦呦

(1930—)

中国首位诺贝尔生理学或医学奖获得者

中共党员，浙江宁波人，中国中医科学院中药研究所青蒿素研究中心主任。1995 年全国先进工作者，2019 年“共和国勋章”获得者。她 60 多年致力于中医药研究实践，带领团队攻坚克难，研究发现了青蒿素，解决了抗疟治疗失效难题，为中医药科技创新和人类健康事业作出巨大贡献，85 岁获得诺贝尔生理学或医学奖。

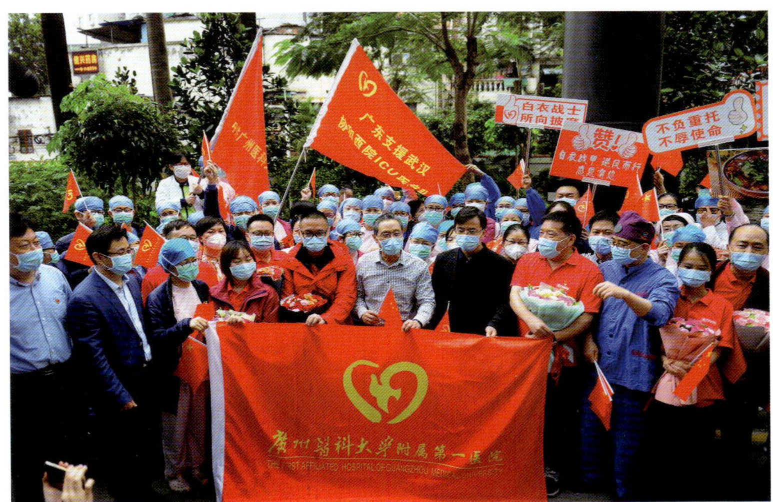

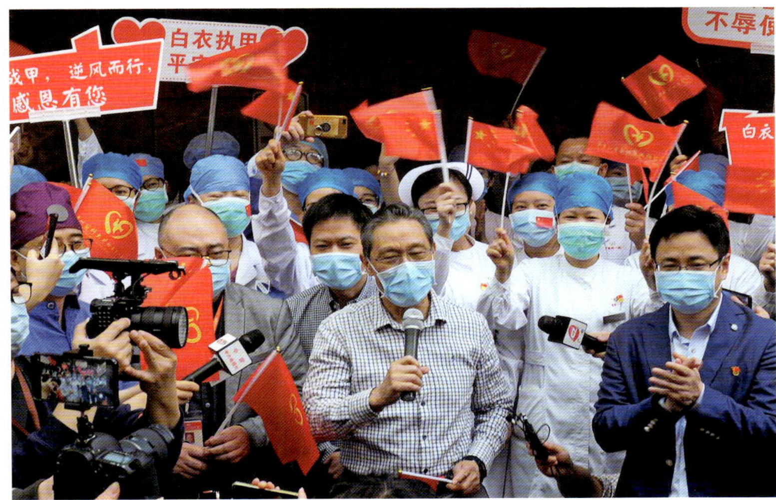

钟南山

（1936—）

敢医敢言　大爱无疆

中共党员，福建厦门人，广州医科大学附属第一医院国家呼吸系统疾病临床医学研究中心主任，中国工程院院士。1995 年、2005 年全国先进工作者，2020 年“共和国勋章”获得者。他长期致力于重大呼吸道传染病及慢性呼吸系统疾病研究。在应对“非典”和新冠肺炎疫情两次攸关生命的大考中，他临危受命、为国担当，在疫情防控、重症救治、科研攻关等方面作出杰出贡献。

附录：1933—2020 年历届全国劳模大会简介

1933 年

全苏区春耕生产运动代表大会

1933 年 5 月 18 日，全苏区春耕生产运动代表大会在江西瑞金武阳区召开，毛泽东率团参加大会，授予武阳区和石水乡大、小奖旗各一面，奖旗题字是“春耕模范”。

1934 年

苏区妇女劳动模范代表大会

1934 年春，苏区妇女劳动模范代表大会在瑞金叶坪召开。毛泽东亲自给学犁田、耙田的妇女劳动模范颁发奖品和奖状，奖品是一条围裙和一顶竹笠，竹笠上印有“劳动模范妇女”几个大字。

1943 年

陕甘宁边区劳动英雄与模范生产工作者大会

1943 年 11 月 26 日，陕甘宁边区劳动英雄与模范生产工作者大会召开，毛泽东发表《组织起来》的讲话，185 名劳动英雄与模范生产工作者参加大会并受到表扬和奖励。

1944 年

陕甘宁边区劳动英雄与模范工作者大会

1944 年 12 月 22 日，陕甘宁边区政府召开劳动英雄与模范工作者大会，出席会议的代表共 476 人，毛泽东发表《两三年内完全学会经济工作》的讲话，各行业职工纷纷开展劳动竞赛运动，以更积极的态度投身到边区建设中。

1977 年

全国工业学大庆会议

1977 年 4 月 20 日至 5 月 14 日先后在大庆油田和北京举行。中共中央、国务院授予全国大庆式企业、全国先进企业称号 2126 个，授予全国先进生产者称号 385 人。

1960 年

全国教育和文化、卫生、体育、新闻方面社会主义建设先进单位和先进工作者代表大会（全国文教群英会）

1960 年 6 月 1 日至 11 日在北京举行。中共中央、国务院授予全国先进单位称号 3092 个，授予全国先进工作者称号 2686 人。

1959 年

全国工业、交通运输、基本建设、财贸方面社会主义建设先进集体和先进生产者代表大会（全国群英会）

1959 年 10 月 25 日至 11 月 8 日在北京举行。中共中央、国务院授予全国先进集体称号 2565 个，授予全国先进生产者称号 3267 人。

1956 年

全国先进生产者代表会议

1956 年 4 月 30 日至 5 月 10 日在北京举行。中共中央、国务院授予全国先进集体称号 853 个，授予全国先进生产者称号 4703 人。

1950 年

全国工农兵劳动模范代表会议

1950 年 9 月 25 日至 10 月 2 日在北京举行，毛泽东致祝词，中央人民政府授予全国劳动模范称号 464 人。

1978 年

全国科学大会

1978 年 3 月 18 日至 31 日在北京举行。中共中央、国务院授予全国先进集体称号 826 个，授予全国先进科技工作者称号 1213 人。

1978 年

全国财贸学大庆学大寨会议

1978 年 6 月 20 日至 7 月 9 日在北京举行。中共中央、国务院授予全国财贸战线大庆式企业称号 736 个，授予全国劳动模范和先进生产者称号 381 人。

1979 年

国务院表彰工业交通、基本建设战线全国先进企业和全国劳动模范大会

1979 年 9 月 28 日在北京人民大会堂举行。国务院授予全国先进企业称号 118 个，授予全国劳动模范称号222 人。

1979 年

国务院表彰农业、财贸、教育、卫生、科研战线全国先进单位和全国劳动模范大会

1979 年 12 月 28 日在北京人民大会堂举行。国务院授予全国先进单位称号 351 个，授予全国劳动模范称号 340 人。

1989 年

全国劳动模范和全国先进工作者表彰大会

1989 年 9 月 28 日至 10 月 2 日在北京举行。国务院授予全国劳动模范和先进工作者称号 2790 人。

2020 年

全国劳动模范和先进工作者表彰大会

2020 年 11 月 24 日在北京人民大会堂举行。党中央、国务院授予全国劳动模范称号 1689 人，授予全国先进工作者称号 804 人。

2015 年

全国劳动模范和先进工作者表彰大会

2015 年 4 月 28 日在北京人民大会堂举行。党中央、国务院授予全国劳动模范称号 2064 人，授予全国先进工作者称号 904 人。

2010 年

全国劳动模范和先进工作者表彰大会

2010 年 4 月 27 日在北京人民大会堂举行。国务院授予全国劳动模范称号 2115 人，授予全国先进工作者称号 870 人。

2005 年

全国劳动模范和先进工作者表彰大会

2005 年 4 月 30 日在北京人民大会堂举行。国务院授予全国劳动模范和先进工作者称号 2969 人。

2000 年

全国劳动模范和先进工作者表彰大会

2000 年 4 月 29 日在北京人民大会堂举行。国务院授予全国劳动模范和先进工作者称号 2946 人。

1995 年

全国劳动模范和全国先进工作者表彰大会

1995 年 4 月 29 日在北京人民大会堂举行。国务院授予全国劳动模范和先进工作者称号 2873 人。

结语

习近平总书记指出，劳模精神、劳动精神、工匠精神是以爱国主义为核心的民族精神和以改革创新为核心的时代精神的生动体现，是鼓舞全党全国各族人民风雨无阻、勇敢前进的强大精神动力。

新时代是奋斗者的时代。“十四五”规划的宏伟蓝图已经展开，2035 年远景目标已经擘画，在全面建设社会主义现代化国家新征程中，我们要大力弘扬劳模精神、劳动精神、工匠精神，充分发挥工人阶级和广大劳动群众主力军作用，高扬奋斗之帆，紧握奋斗之桨，用辛勤劳动、诚实劳动、创造性劳动，为实现中华民族伟大复兴的中国梦而不懈奋斗。

图书在版编目（CIP）数据

中国梦·劳动美：永远跟党走　奋进新征程　百名劳模图录 / 中华全国总工会宣传教育部编.
—北京：中国工人出版社，2022.4
ISBN 978-7-5008-7907-7

Ⅰ.①中…　Ⅱ.①中…　Ⅲ.①劳动模范—先进事迹—中国—现代—图录　Ⅳ.①K820.7-64

中国版本图书馆CIP数据核字（2022）第053437号

中国梦·劳动美：永远跟党走　奋进新征程　百名劳模图录

出 版 人　董　宽
责任编辑　蒋佩轩　陈晓辰
责任校对　丁洋洋
责任印制　栾征宇
出版发行　中国工人出版社
地　　址　北京市东城区鼓楼外大街45号　邮编：100120
网　　址　http://www.wp-china.com
电　　话　（010）62005043（总编室）　（010）62005039（印制管理中心）
发行热线　（010）82029051　62383056
经　　销　各地书店
印　　刷　北京美图印务有限公司
开　　本　787毫米×1092毫米　1/8
印　　张　24.25
字　　数　60千字
版　　次　2022年10月第1版　2022年10月第1次印刷
定　　价　298.00元